走进社区：
西湖区参与式预算改革实践观察

尹利民　编著

江西高校出版社
JIANGXI UNIVERSITIES AND COLLEGES PRESS

南　昌

图书在版编目(CIP)数据

走进社区：西湖区参与式预算改革实践观察 / 尹利民编著. -- 南昌：江西高校出版社，2025. 3.
ISBN 978 -7 -5762 -5453 -2

Ⅰ. F812.756.1

中国国家版本馆 CIP 数据核字第 202503L6U5 号

策划编辑	陈永林	责任编辑	杨良琼
装帧设计	王煜宣	责任印制	李香娇

出版发行	江西高校出版社
社址	江西省南昌市洪都北大道96号
邮政编码	330046
总编室电话	0791 -88504319
销售电话	0791 -88511423
网址	www.juacp.com
印刷	江西新华印刷发展集团有限公司
经销	全国新华书店
开本	700 mm×1000 mm 1/16
印张	8.5
字数	143 千字
版次	2025 年 3 月第 1 版
印次	2025 年 3 月第 1 次印刷
书号	ISBN 978 -7 -5762 -5453 -2
定价	58.00 元

赣版权登字 -07 -2025 -22

目录 CONTENTS

一、谁才是社区的主人

二、幸福的前提是信服

一、谁才是社区的主人

社区工作人员冷漠算不算"渎职"
——来自天灯下社区的观察

(一)了解实情

在经过多次沟通之后,西湖区参与式预算改革项目第6个志愿小组的4名成员于2017年11月18日下午1:00首次前往西湖区天灯下社区提供志愿服务。由于天气原因,原定的摆点活动暂时推迟,4名志愿者在天灯下社区服务中心副站长孙阿姨的帮助下进行了调查问卷设计与修改,南开大学校友会的廖老师及饶老师对社区对接调研活动进行指导。志愿者通过对社区的走访调查,初步掌握了社区的部分情况。天灯下社区倚靠抚河,管辖范围以上塘塍上为中心向外分布,处于孺子路、兴隆巷、南浦路和船山路的包围之中。社区管辖范围比较分散,还包含淘沙塘、筷子巷的部分地区。社区总人口4000余人,共在籍1384户,常住人口3846人,80岁以上老人170余人。该社区老龄化程度比较高,棋牌室较多,危房、老房多,没有公共停车场,电子监控设备匮乏,社区违章建筑广布,甚至社区服务中心所属房屋也是违章建筑。社区开展过很多文化活动,如在社区服务中心或在附近租借场地开展消防讲座、大众学法等系列活动,但参与者不多。同时,社区服务中心开展过"三点半课堂"活动,为低龄儿童(上幼儿园、小学的孩子)提供书籍、玩具等,帮助居民照顾儿童。社区无活动广场及其他文娱设施,同时没有帮扶单位协助解决各类问题。

此次西湖区"幸福微实事"项目调研活动中,我们主要负责将志愿者在社区走访期间观察到的现象、社区摆点及上门入户征集到的意见,按照社区的具体要求进行分类整理并录入系统。

在深入了解社区的基本情况后,得益于廖老师与饶老师的悉心指导与宝贵建议，南昌大学志愿者第6小组选定于11月25日下午走进社区，协助社区工作人员开展入户走访工作，通过按比例抽取愿意合作的居民进行访谈，广泛听取居民意见，并系统收集、整理相关意见信息。11月25日下午，大家整装待发。然而，由于车次有限，我们无法全员同时出发。经过短暂商议，我们决定让2名成员先行出发，确保按时抵达社区。遗憾的是，就在这2名成员上车后不久，组内的其他同学因临时接到课程任务而不得不请假，我们的组长独自前往社区，未请假者仍然按照原计划前往社区。

（二）发现问题

我们提前抵达社区：1点30分左右就到了。鉴于约定的时间为2点，我和王城生学长决定利用这半小时的间隙，先行在社区里走走看看，以期对社区的基本状况和存在的问题有一个初步的了解。走访中，我们发现了多个亟待关注的问题，如社区内的化粪池污水溢出，一段路面有半幅被污水覆盖，臭味浓重；某些路面凹陷，有空洞，附近还有车辆来回行驶，路面承重压力让人担忧，存在交通安全隐患；整个社区内部电线杂乱，住户私拉电线现象严重，电线与网线交错，犹如蛛网；某些楼栋楼梯缺少扶手，某些楼栋最下层楼梯没有承重基础，有些楼梯已破损，有裂纹。

当我们回到社区服务中心时，校友会的廖老师及学长学姐也已抵达。然而，社区工作人员还没有到。我们在社区楼下就现有情况进行了深入的商讨，考虑到时间安排和社区工作人员的工作日程，最终决定未来分批次来社区参加活动，以避免与社区工作人员的工作时间相冲突。

在等待社区工作人员的过程中，我们并未闲着，而是一同走入社区，更大范围地了解和认识整个社区的情况。我们看见了水产店店主将污水倾倒在路面上，导致整条路充满鱼腥味；我们也看到了社区路面狭窄、车辆乱停乱放的现象如何严重影响了社区的交通秩序；两栋楼之间的廊道堆满了垃圾，成了垃圾堆放点，有的住户甚至在楼上直接将垃圾倾倒而下。我们在整个社区转了一圈回到了社区服务中心，下午3点左右，社区工作人员姗姗来迟。

社区工作人员抵达后，我们迅速着手准备摆点工作，待一切就绪，活动正式展开。起初，居民们因对活动很陌生，仅站在远处观望，私下议论。当我们试图递上宣传单和问卷解释时,他们却纷纷散去。我们尝试拦下路人,但多数人兴趣寥寥,甚至有人误以为我们是传销人员而避之不及。直到一位穿着得体、相貌端正的大叔主动坐下了解活动后,更多的人才开始参与进来。摆点工作并不繁忙,团队分工明确,井然有序:两人负责在路上向行人宣传讲解;另两人则留在摆点位置,为前来填写意见表的居民解答疑问,协助他们填写表格。

摆点工作大概进行了一个半小时,天上下起了小雨,大家收拾好摆点工具到社区服务中心商讨接下来的事宜。社区的方主任在我们摆点途中赶到,在我们结束摆点后给我们提了几点要求和建议。最后,双方决定下周二再次回到社区做入户调研工作。

(三)整理数据

数据整理工作虽枯燥,但至关重要。然而,社区对此似乎并不重视,仅在副站长的指示下将问题分类,后续整理缺乏统一模板和排序方案,主任亦未到场监督。录入数据期间,尹院长与学姐们曾来社区检查工作并予以指导。当天中午,我们决定把几份问卷带回学校录入,于是乘车返回学校,当日的志愿服务就这样结束了。按约定,12 月 6 日中午,组长郭艳梅先行出发,做好准备工作,我与组员蒋甜甜 2 点出发,3 点半到达社区,与组长会合。

社区服务中心的工作人员对我们的到来很是欢迎,热情地给我们介绍工作的最新进展。上户工作已经进行到最后阶段,在社区工作人员的带领下,我们走访了最后几户人家。这里的残破陈旧让我印象深刻。狭窄的街道、凹凸不平的路面、阴暗的楼道、杂乱的电线……怎么看这都不像是一个都市社区该有的样子,这也让我认识到“幸福微实事”项目的意义。

我们来到了最后的 2 幢楼,楼下围坐着一群老爷爷和老奶奶,社区工作人员让他们填写调查问卷,可他们对这些不感兴趣。当社区工作人员提起领取养老保险金的时候,他们便围过来你一言我一语。问卷填写完毕之后,我们便开始上户访问。因为是工作日,在家的几乎都是老人,而且大部分人只会说南昌话,双方交流有些困难。完成了所有的上户工作,我们便回到社区服务中心开始整理数据、交流意见。

值得一提的是,当天下午天灯下社区正举办“消防安全”宣讲活动。在社区工作人员的邀请下,我们这些志愿者和社区居民一起参加了"逃离火场""消防安全巡逻"等演练,这也算是一次难得的实践活动。

第一阶段的工作暂时告一段落,收获的不止工作本身,更在于自我认知的拓展与社会阅历的丰富。再次面对相似的情景,我已经能够形成自己的判断。经归纳,社区问题集中表现在以下几个方面:公共停车场缺失,致私家车乱停,阻塞狭窄的道路;设备老旧,电线裸露,安全隐患多;危房、老房多,消防设备不足,楼梯扶手受损严重,路灯稀少,危及居民安全;化粪池堵塞,卫生脏乱差,影响居民日常生活,亟待改造整治;房屋未验收及消防设施问题亦需关注。整体而言,社区环境与设施亟待改善,以提升居民体验。

社区在对接项目之前针对项目向部分居民征集了意见,居民参与的积极性不高,只有百分之四十。但问题比较集中:房屋老化致水泥瓦块坠落,安全隐患突出;监控不足,内部监控缺失;路灯匮乏,夜间活动受限且安全受到威胁;健身器材损坏,亟待修补或更换;楼顶漏水严重,影响居住;车辆乱停乱放,路障问题影响出行;化粪池亟待整改,气味扰民;道路不平,雨天积水严重;绿化消失,地面破损,需修理或重新铺设。

与社区服务中心的副站长沟通后,我们得知此次活动面临不少困难:居民参与度低,意见表填写不详细,可使用率低;工作人员繁忙,宣传力度不足,居民了解不多,填写意愿低;缺乏帮创单位,经济问题难解决;居民闲暇时间短,入户调查受限;方言影响交流,信息获取困难;摆点宣传范围局限,辐射面积小,多数居民不知情。

此次调研中,我为参加志愿活动感到荣幸,为服务大家感到荣幸。我希望未来的日子里继续保持热情,继续帮助社区的老人们努力争取他们希望得到的利益。

(四)项目筛选大会

考虑到会场布置与工作熟悉度的问题,我要求大家尽早来到天灯下社区,为下午2点30分的筛选大会做准备。虽然已在车上想象了当日的工作如何烦琐与艰难,甚至做好了最坏的打算,但是现实中的挑战仍超乎预期,工作更加艰苦。

2 周后，我们再次来到社区，这里似乎改变了许多：往常通往社区大门的路都被施工单位封死，所有居民只得从一旁的小路出入，因为施工，周围嘈杂了许多。9 点 40 分，我们到达社区服务中心。我们休息了一会儿，随后便迅速投入筛选大会会场布置工作中。面对设备短缺，我们临场应变，确保活动顺利开展。我们的会场选在老年活动中心，由于桌子不够，我们只能将麻将机拼凑在一起，盖上包装纸充当桌子，虽简陋，但不失整洁。随后，我们细致地整理文件，将预备项目表、海报、选票、工作牌、活动说明等资料归入文件袋，确保一切就绪。

社区居委会的方主任在间歇时间向我们讲解了筛选大会的注意事项，要求我们志愿者担任记录员，如实地记录讨论和选票情况，并听从主持人的安排，协助维护秩序。参加筛选大会的居民共有 50 位，我们将其分为 5 组，每组 10 人，10 人坐一桌，每桌配备 3 名工作人员：社区工作人员担任桌长，负责本桌事务；校友会代表作为技术顾问，解答居民的疑问；南昌大学志愿者作为记录员，全程记录会议经过。会议中，工作人员需帮助不识字的居民理解“幸福微实事”筛选大会的意义，并指导投票。每桌发放 1 张综合表和 10 张子筛选表，经过讨论，从 10 项意见中选出 3 项作为本桌的集体意见，并由代表上台展示。

在布置好会场之后，我们跟随社区工作人员回到社区休整，将“幸福微实事”的文件拷贝到自己的手机里。其间，方主任还让我们做一些其他的事情，但被我们拒绝了。

吃完饭休息片刻，我们便回到社区着手准备会议材料。材料准备好之后，我们便来到会场等候。推开门的一刹那，一股火气猛地冲上心头。我们上午花了将近 2 个小时整理好的资料、文件袋不翼而飞，包麻将机的包装纸也被解开了，被几个中年人拿走。最后我们在会场门口十米外的垃圾桶里发现了包装纸，几张破损的项目清单也静静地躺在垃圾桶里。

既然事情已经发生，我们只能抓紧时间布置会场，重新将麻将机移至规定的位置充当桌子。由于时间关系，我们没能重新检查文件袋里的文件是否齐全。其间，学姐与方主任就筛选表进行了沟通，可以预见，这次谈话并不顺利，方主任在谈话全程支支吾吾，并以打电话为由结束谈话。

虽然 20 个社区举行的大会叫“推选大会”或“筛选大会”，但是每个社区在举行大会时，具体细节却不相同，而这些细节正是决定大会成功与否以及后期工作能否顺利进行的关键。每当我不了解社区如何举行大会的时候，我步入会场的第一件事就是向工作人员索要一份“幸福微实事”项目汇总表，从中可以看出一个社区前期工作的用心程度，从中也可以知道社区将如何举行大会。

当我走进天灯下社区举行筛选大会的场地时，我拿起了桌子上的项目汇总表，我看到，每个项目的提议人都是一人，难道社区没有对项目进行合并？而且每个项目的名称看上去都非常宽泛，大部分没有写明实施地点。我带着疑惑询问了方主任：“主任，这份汇总表上的项目是合并后的吗？如果合并了，为什么每个项目的提议人只有一个呢？也没有具体的实施地点。”“这些项目都是经过合并的呀，我在合并后的项目中挑选了50个放在这里，再说了，怎么可能把所有项目都放到这上面来呢，我挑选了一些我认为可以实施的。”方主任轻松地说，而我则惊讶得合不拢嘴。“既然项目是经过合并的，为什么提议人只有一个？”主任笑了笑，并没有回答我。

按照规则，居民提议的项目，金额数量过大或者不符合规则的项目可以淘汰，其他项目都要原封不动地按照合并后的样子放到汇总表里，让居民在大会上讨论，而方主任竟然自行选择自己认为合适的项目让大家讨论，他的做法严重违反了规定。

匆忙之中，我们的筛选大会开始了。我翻阅了学长学姐们的筛选大会日志，找到了筛选大会的流程（表1）。

表1　筛选大会的议程

南昌市西湖区“幸福微实事”项目筛选大会议程	
目标	1. 了解“幸福微实事”的进程，向居民报告项目的整合及筛选方案，就方案回答居民的疑问，以获得居民的理解与支持。 2. 了解居民提议的理由，聆听并记录居民对项目实施的具体要求和具体想法，为后期对项目进行技术评估、草拟具体项目方案做好准备工作。 3. 让居民给项目投票，根据票数给项目排序，为后期根据金额进一步筛选项目做好准备
第一阶段：会议说明（10分钟）	主持人宣布会议开始，对会议的目的、参会者、流程进行说明

续表 1

南昌市西湖区“幸福微实事”项目筛选大会议程	
第二阶段：筛选方案的汇报说明(20 分钟)	1. 街道办事处领导小组成员报告工作进展。(10 分钟) 2. 居民提问，社区居委会、街道办事处的工作人员予以答复。(10 分钟)
第三阶段：讨论入选项目(2 小时)	1. 会议主持人说明该环节的目的、流程与规则。(10 分钟) 2. 各小组就本组的项目进行讨论(每个项目讨论 6 分钟，共 60 分钟)。 3. 小组成员对本组的 10 个项目进行讨论并推荐 3 个。(20 分钟) 4. 各个小组派代表上台展示(每个小组有 5 分钟的汇报时间，共 30 分钟)
第四阶段：入选项目的排序(45 分钟)	1. 主持人说明设置投票环节的目的及规则。(5 分钟) 2. 主持人组织居民给项目投票，现场唱票，记录员现场记录，给项目排序，当场公布投票结果(居民浏览海报和投票的时间为 20 分钟，唱票和开票的时间为 20 分钟)
第五阶段：会议结束(10 分钟)	主持人总结会议成果，邀请领导讲话，对居民表达感谢，合影留念

筛选大会入场环节遭遇诸多不畅，会场内较混乱，居民多操方言，喧哗声此起彼伏，秩序一度失控。隔壁麻将声与现场的嘈杂声交织在一起，部分闲散的居民在麻将桌前兴致勃勃地观看邻居搓麻将。社区工作人员未能有效维持秩序，提前到场者仅 3 人，其中孙阿姨和我们负责引导居民入场，另外 2 名社区工作人员好像还有未完成的工作，一直在角落里低声讨论。由于现场秩序过于混乱，我们将组内成员分配至各桌维持秩序。方主任和主持人好像在谈论音响、话筒的问题。不一会儿，校友会成员准时到达会场，与我们一同投入紧张的准备工作中。2 点 40 分左右，其他社区工作人员在方主任的催促下，与居民们依次走入会场，走到桌前坐下，戴上了工作牌。

参与了几个社区的筛选大会后，我总结了一条规律：现场来的人数一定比预先确认的人数更多，因为社区居民会带孩子、邻居一起过来。如果事先没有准备好足够的材料与座位，那么现场一定会非常混乱。

此次筛选大会也出现了类似情况，原本预计到场人数为 50 个左右，没想到来了六七十号人，就连过道上都坐满了，还有好多人站在会场后方，无座位可坐。因为人数过多,准备的资料不够用,出现了拿错材料、多拿材料等现象,导致现场十分混乱。

(五)会议中的小插曲

"大家都坐下,筛选大会马上就要开始了。"2点53分,筛选大会正式开始。主持人简单地介绍了"幸福微实事"项目及资金情况:"现在社区获得了30万元的拨款,我们南开大学校友会和南昌大学的志愿者们在这一段时间内将居民的意见和建议收集起来并进行了整合,最终推选出50条意见。筛选大会的目的就是让大家从这些意见里面选出咱们决定实施的项目,现在由大家做主,直接行使你们的权利。"然而,由于主持人没有话筒,会场后方的居民没有听清楚。即便主持人已声嘶力竭,但她的声音仍未能穿透整个会场,导致部分居民因听不清而开始窃窃私语。大会就在这嘈杂声中继续推进。随后,主持人介绍与会嘉宾,几位嘉宾依次致辞。嘉宾致辞后,大会进入分组讨论环节,各桌桌长负责引导居民参与"幸福微实事"项目筛选。在讨论环节,各桌表现迥异:其中2桌讨论热烈,居民积极参与;其余3桌则显得沉闷,桌长未能有效引导。在拍照过程中,3位桌长的消极表现尤为显眼。同时,部分校友会成员和志愿者亦存在办事不力的情况,1名校友会成员全程与志愿者闲聊,未参与居民讨论,亦未履行技术顾问的职责。

作为大会现场的工作人员,我一直观察着全场的动态,发现了很多有趣的小故事。在大会即将开始的时候,我发现第4组的桌长一直没来,只有志愿者在帮忙发材料。所以我站在了第4组的周围,以准备随时代替桌长做相关工作。在大会正式开始的前2分钟,一个中年妇女优哉游哉地走了进来,我连忙招呼道:"大姐,您来啦,快来这里坐吧,这里刚好有个空位。""我不坐,我不坐,我是社区的。""啊,您是社区干部,正好第4组没有桌长,您过来当桌长吧。""我?"她一脸惊讶。"对呀。"我答道,"每个社区干部都会担任桌长。""其实我也不太懂,可做不好桌长啊……"她一脸不情愿地朝座位走去,嘟哝了一路。坐下来以后,她并没有给居民介绍此次大会的相关内容,而是与别人聊天,把这桌的所有事务都丢给志愿者去做。

主持人宣布圆桌讨论开始时,第4组的桌长正背对主持人发呆。我提醒了她之后,她才缓缓转身。她作为桌长说的第一句话竟然是"现在大家从你们手里的10个项目中选出3个自己认为不错的"。我突然意识到她缺乏引导意识,于是自告奋勇地做了这一组的桌长,接手主持工作,引导组员逐一讨论所有项目,确保第4组讨论有序进行。

20分钟后,主持人宣布讨论结束并开始总结,但她似乎并未深入各桌了解实际讨论情况,仅按时间表推进流程。随后,各组推选居民代表宣布讨论结果。每一位居民代表都语气铿锵,底气十足,但我仍未能听清具体内容。这些代表发言后,筛选项目就筛选出来了,每组筛选了3个项目,但这些项目的实际用途及讨论过程均不明确。社区工作人员既未综合小组意见,也未公示最终的筛选结果。

接着,街道办主任针对大家提的意见发表了自己的看法:"大家的意见很多、很充分,但是有很多事情,我们街道办没法整改。比如墙体脱落,我们没法重新盖楼;道路破损和路灯问题,我们会想办法解决……"在主任讲话的过程中,会场依旧嘈杂。

接下来是投票环节,主持人简短地讲解了投票要点及注意事项,主持人讲解完毕后,会场瞬间陷入了喧哗声中。狭窄的过道上,人潮涌动,嘈杂声此起彼伏。居民们热情高涨,纷纷挤向张贴好的海报,争相投出自己的一票。混乱中,一位慈祥的老奶奶找到了我,眼中透露出期待与无助。她请求我帮她完成投票。在我帮奶奶投好票之后,她又提出了一个让我为难的请求——请我再帮她投同样的票。"这是我邻居的意见,你帮我投一下,他们都没有来。"奶奶的话语中充满了无奈。我环顾四周,现场依旧混乱。我不禁思考,在这场投票中,有多少类似的情况正在发生?又有多少人的意见被真正代表?社区组织这样的投票形式,初衷无疑是好的,但实际执行时却暴露了诸多问题。首先,场地的选择和布置显然没有考虑到人流量和投票的便捷性,导致现场拥挤不堪,秩序混乱。其次,对于老年人和行动不便的居民,缺乏必要的关怀和帮助,他们的投票权利无法得到充分保障。更为重要的是,这种混乱的场面为"代投票""重复投票"等不公平行为提供了可乘之机。这不仅损害了投票的公正性,也削弱了居民对社区决策的信任感。在我看来,社区应当重新审视这样的投票形式,采取更加科学、合理的方式。比如:可以设立多个投票点,分散人流;可以安排志愿者为老年人和行动不便的居民提供帮助;还可以利用现代技术,实现线上投票,既方便又公平。总之,投票是民主的重要体现,社区应当确保每一个居民的权利都能得到尊重和保障,让公平与公正成为投票的底线。

按规定,每个居民有10票,给现场的50个项目投票,一个项目只能投一票。现场迅速陷入了混乱的局面,由于项目海报贴在墙两边,人群显得异常拥挤,投票行为显得颇为随意。有的居民为了完成任务,随便将投票纸贴在海报上,并未认真考虑项目的优劣。更有甚者在投完票后,未等投票结束,便径直走向旁边的麻将桌,将严肃的投票活动视同儿戏。此外,还发现部分居民手中持有的票数超过规定,而现场的工作人员似乎并未严格管控,只是希望投票尽快结束,对维持秩序显得力不从心。这种混乱的局面不仅让投票的公正性大打折扣,也让社区居民对投票结果的真实性产生怀疑。这不禁让人反思:社区在组织此类活动时,是否充分考虑了投票的规范性和公正性?为了改善此类情况,社区应当采取更严格和有序的投票机制。例如,设置明确的投票指引和监督人员,确保每位居民按照规定投票;同时,可以引入电子投票系统,既方便居民参与,又能有效避免混乱和作弊行为。民主投票是体现居民意愿的重要方式,社区有责任确保其过程的公正性和结果的准确性,让每一个居民的声音都能被真实、有效地听取。

投票环节结束后,大多数居民开始准备离场,他们在会场上来回走动,显得有些焦躁不安。隔壁的麻将桌依旧传来阵阵声响,仿佛有着不可抗拒的魔力。随着投票的结束和工作人员管理的缺失,更多的居民纷纷涌向麻将桌。在此期间,无论是主持人还是社区工作人员,都未能对这一现象进行有效的管理和控制。最终,在我们志愿者的积极引导和帮助下,居民们才陆续回到座位,等待最后的投票结果揭晓。唱票环节显得颇为神秘,全程没有邀请我们志愿者参与。仅由几名社区工作人员和一名校友会成员在角落里统计票数。然而,令人遗憾的是,由于社区张贴的海报布局不合理,服务类项目因与其他海报距离过远,竟然在计票过程中被遗漏了。最终,计票结果由主持人宣布。然而,现场的嘈杂声和主持人的低音量给所有人带来了极大的考验,不少居民难以清晰地听到结果。随后,到场的3位嘉宾依次致辞。他们的发言为这场略显混乱的民主实践增添了一丝庄重的意味。回想起整个投票过程,我不禁深思:在社区民主活动中，如何确保每一个环节公正、透明和有序？如何让每一个居民的声音都能被真实、有效地听取？我想这是我们需要不断努力和改进的方向。

将近4点的时候，主持人宣布大会结束，居民们和工作人员随后集体拍合照，我们的工作到此告一段落。

参与西湖区“幸福微实事”项目，虽未能显著提高我的实践能力，但却让我深刻体验了基层工作者的工作。在社区工作的舞台上，我看见了可爱、敬业的公仆，他们默默奉献，尽心尽力为社区谋发展、谋福利，也看见了懒政的基层干部，他们敷衍了事，避重就轻，工作不积极。

此次筛选大会，让我的感受更加深刻。优秀的公职人员，真的在为社区付出，为居民着想。基层工作者确实是居民利益的守护者。组内成员对此次社区活动的评价普遍不高，大家对此仍存在诸多意见。或许，这个社区需要的不仅仅是公共设施的整改和完善，更需要社区工作人员建设好社区文化。

基层社区建设，关乎百姓的福祉。党的基层组织是确保党的路线方针政策和决策部署贯彻落实的基础。我们应进一步巩固和加强党的基层组织，使党的基层组织充分发挥服务群众、凝聚人心、促进和谐的作用。

基层社区建设是一项复杂而艰辛的工作，需要社区工作人员和社区居民共同努力。所有的困难，都需要大家努力克服。逃避并不能解决任何问题。

社区工作人员之所以受人尊重，是因为居民依赖他们，相信他们能够想居民之所想，急居民之所急。在其位，谋其政，社区工作人员应真正为百姓谋福利、谋幸福。

同样，作为居民的我们，也应该勇敢为自己的权利发声。在没有享受到权利，对基层建设有好点子时，我们要勇敢地讲出来，监督社区工作人员的工作，与社区工作人员一起建设自己的家园。我始终相信，只有官民同心，基层建设才会更加得心应手。

（时间：2017年11月18日至2018年1月13日。地点：西湖区南浦街道天灯下社区。调研人员：郭艳梅、蒋甜甜、乐夏欣、李滔、屈嘉辉、王城生、戈良杰、赵宛茜、刘威。）

我们的事情需要我们做主吗?

——来自船山社区的观察

(一)与居民"讨价还价"

让社区居民参与投票,选择落户社区的项目,这是一件新鲜事。不相信的居民有之,不热心的居民也有之……因此,上门组织动员就显得非常有必要。去上户的路上,从问卷收集情况来看,禾草街1号收得最少,其他的楼栋至少都有50份。所以社区居委会主任王桂荣带我们去了禾草街1号和17号。

王主任与社区居民进行了沟通:

路上,我们碰到了一位买了菜准备回家的居民,年纪约莫七十岁。王主任就停下来准备摆点,顺便与她闲聊几句:

"你们楼栋都缺什么呀?"

"楼道灯和摄像头。"

"要写呀,不写有什么用,活动马上截止了。"

"领了去写。"

"有意见不写没有用的,不填不行呀。"

"你帮我写,你帮我写。"

"到时候可以投票呀。"

"十几户报不上去呀。"

"别的楼栋都至少填了50份。"

"国家拿钱,你们提意见。"

"写得少了没有力度,上面不重视。"

"那好,填一份吧!"

我们挨家挨户敲门的时候,很多居民一开始都不知道要填些什么。最后在我们的动员下,很多居民愿意发表意见,也愿意在项目提议表上签字了。

(二)社区居民的主人翁意识

周六清晨,我踏上了前往西湖区船山社区的旅程,开始新的实践。在人山人海的公交车站,我挤上了前往社区的车,历经40多分钟的颠簸,终于抵达了目的地——船山社区工作站。一踏入工作站,我便感受到了与以往不同的氛围。接待我的工作人员笑容满面,热情洋溢,所有的工作人员都在岗。这无疑是重视"幸福微实事"参与式预算项目的体现。今天的工作重点是加强"幸福微实事"的宣传和推广。看着忙碌的工作人员,我心中不禁感慨:只要基层工作人员真正重视起来,这个项目就能得到有效的推广,进而激发广大社区居民参与的热情。这次社区之行,让我看到了参与式预算在基层治理中的曙光。我相信,在社区工作人员的共同努力下,将会有越来越多的居民了解并参与到"幸福微实事"项目中来,共同为社区的发展献计献策。

按照工作安排,我留在了社区工作站,负责参与式预算建议问卷的数据整理和录入工作,其他队员和王主任上户宣传去了。

大概10点钟,一个年轻人带着一个小朋友来社区工作站办理社保事宜,那是他儿子,很可爱。除了办社保的事,他还向社区工作人员反映了一个问题:他家附近的过道灯和路灯停电好几天了。

"我想问一下,我家附近那个路灯和过道灯怎么一直没人来修,停电好几天了?"

"是这样的,因为之前发现了偷电现象,所以切断了该段电路,停止供电。"

"那你能不能告诉我,谁负责管这一块?"

"现在那一块区域,以前是归××管,现在老城区改造,他们不再管了,等于现在那一块区域的公共照明没人负责管理,全部由住户自己负责。"

"这个公共区域的照明,怎么要住户自己负责呢?好好的,说停就停。有人偷电,惩罚偷电的人就好了,为什么非要停电?这个路段多危险啊,楼道里漆黑一片,老人小孩上下楼出了问题怎么办?"

"是这样的,这个区域的照明,以前是由我们社区和你家附近的××网吧协调的,他们帮忙搭线负责照明。现在出现偷电现象,网吧的利益受到侵害,所以电就停了。我们之前和网吧协调这件事,你们是知道的对吧?现在我们社区也没有办法处理这件事。如果给这栋楼的公共楼道安装照明灯具，大家愿意交钱吗？就算大家愿意交钱，又由谁来负责管理呢？"

"公共区域的照明是必不可少的，怎么会有人不愿意出钱呢？每栋楼都有楼栋长，可以让楼栋长负责管理呀。以前每栋楼由专门的社区工作人员负责，也可以让他们负责管理公共照明的电表啊。"

"可是楼栋长是义务劳动呀，社区工作人员负责相关楼栋，但没说要负责管理电表。没人愿意多管事情。让你来管理这个电表，你愿意不？"

"唉，我也知道社区工作不好做，很简单的事情做起来确实很复杂，有好多困难。"

"我们现在在实施参与式预算的'幸福微实事'项目，这个活动是政府倡导的。活动内容是给我们一定数量的预算费用，让我们住户提出公共需求，将这笔预算用到居民认为最需要的地方。全市只有我们西湖区2个街道试点，政府很重视这个活动。大家提出来的问题，肯定会解决的。你拿一份表填了吧，你这个问题属于公共范畴。"

年轻人领了表，带着小朋友在一旁认真地填写……这个小插曲给我的印象很深。

一方面，并非所有居民都没有公共意识和社会责任心，也有部分居民像这个年轻住户一样会主动反映公共问题并寻求解决办法。在参与式预算改革实践的过程中，居民参与的意义重大。只有居民切实地提出需求，社区工作人员才能全面地了解社区存在的实际问题。

另一方面，船山社区的工作人员责任心很强，不仅耐心地给居民和住户解答，还会主动帮助居民协调解决楼道照明的问题。他们还挨家挨户地去宣传和推广"幸福微实事"项目，动员大家参与到参与式预算改革中，真正唤醒社区居民的公共参与意识。

（三）社区工作人员的帮助

11月2日上午9点，按照约定，我和程洁学姐、蒋观明学长在公交站集合。我们乘坐225路公交车，再次前往船山社区。

到达社区后，我们与王主任等社区居委会的工作人员亲切地打了招呼，王主任忙得还没来得及吃早餐。其间，一位居民来居委会向工作人员反映用电的问题，工作人员耐心地解答，并向他介绍了“幸福微实事”，同时提醒他可以针对用电的问题提出建议。

之后，我们进行了分工，蒋观明学长留在居委会录入数据，而王桂荣和饶红主任则带着我和程洁学姐到一栋楼的过道里摆点。寒风凛凛，但是没有吹灭我们的热情。

在摆点的时候，不时有居民来询问，我们一一向他们介绍“幸福微实事”的具体内容。一位老奶奶让我印象深刻，她年事已高，但依然关心社区的事情。奶奶的普通话说得不好，地方口音较重。她跟我说了好几遍她的名字，我都没听懂。我向学姐求助，结果学姐也没听懂；然后又向王桂荣主任求助，她也听不懂。最后，在一名楼栋长的帮助下，我们才顺利帮老奶奶填好了建议表。

由于天气寒冷，很少有居民下来活动，王主任也发现平时在这里打麻将的阿姨们也没来。我们决定主动出击——上门走访。

刚开始的时候，我们单独行动。我上访的第一户就让我感到温暖，开门的是一位阿姨。在我说明来意之后，她说她是这里的租户，不愿提建议。我跟她说，只要是住在这栋楼里的人都可以提建议。听我说完，她就爽快地答应了。还有一个生病的哥哥，也给我开了门并接受了提建议的要求。当然，也有几户人家并不配合我的工作，甚至连门都没开。

走访最后一栋的时候，饶红主任和我一起去上户。其间，我发现了一个问题：有的时候我跟住户介绍了“幸福微实事”之后，他们不愿意提意见，但是主任一上前，他们就很爽快地提了。我想，他们和居民们的关系一定很好。在社区服务到位的情况下，居民对社区工作人员的信任感更强，更愿意参与到相关的改革实践中去。这有助于收集居民的意见和建议，为社区的发展规划提供宝贵的信息。

从居民们提的建议来看，问题比较集中，主要是修整路面，增加路灯和摄像头、铁门，这可能与我们的介绍有关系，因为我们在介绍的时候就举了这几个例子，以至于把他们的思维固化了。有几位居民很有想法，说想要增加健身器材、改善社区环境，等等。通过这次走访，我发现大部分居民关心“幸福微实事”，只是在提建议的时候没有打开思维。所以在以后的工作中，我们需要改进。

(四)不同群体的参与程度有差异

2017年12月2日下午1点30分,我和刘姿帆约好一起前往船山社区,与其他志愿者会合。到达社区休整片刻后,王主任带着程洁学姐、我和刘姿帆一起上户收集居民的意见。我们兵分两路:程洁和刘姿帆去3单元,主任和我去了2单元。最后,我们一起去1单元和5单元(4单元无人在家)。有几件事让我记忆犹新:

当我们最后到了5单元顶楼的时候,开门的是一位84岁的老爷爷和他的老伴儿。爷爷刚打开门,我们就先表明了身份和来意:“爷爷奶奶你们好,我们是南昌大学的志愿者。”爷爷看着我们笑呵呵地说:“你们好,你们好。”

“爷爷,是这样的,现在社区有一个项目叫‘幸福微实事’,简单地说,就是居民向社区提出关于社区建设的意见,居委会将你们反映的情况收集起来,反馈给政府,政府拨款对社区进行改造和建设。你们对社区建设有什么意见都可以提。”

“哦哦,是这样啊。”

爷爷知道了我们的来意后很开心,边用手比画,边用普通话跟我们沟通:“第一,楼下的地面和下水道得修一修。一下大雨,楼下就成了河,下小雨就成了喷泉。居民出门真的很不方便。”志愿者边听边记录,“第二就是社区拐弯处的大樟树底下,建议装几条长石凳,夏天的时候啊,大家伙聚在一起,在大树底下乘凉,得有个坐的地方。”

一旁的奶奶补充道:“我觉得呀,社区主干道旁隔几米就要装石凳子。老人家腿脚不方便,出门走两步就要歇一会儿,可是没坐的地方。”奶奶无奈地对我们摆摆手。

爷爷接着说道,“第三就是住宅的楼梯扶手,你看看,上面都生锈了。我们老人家腿脚不方便,上楼梯肯定要扶扶手。可不可以给居民楼里的楼梯扶手上个漆啊。我住在这里30多年,一直都是这个样子,唉。”

“好的,爷爷。您说的,我们都记好了,您在这里填一下您的姓名吧。”爷爷接过意见表,手不时地颤抖。一名志愿者看见了,接过表,说:“爷爷您说,我帮您写吧。”爷爷乐呵呵地说“好好,谢谢你”。

填完表格之后，爷爷奶奶一直目送着我们远去，口中还不断重复着“谢谢你们了”。那一刻，我的心中涌起一股暖流，仿佛驱散了此前遭遇的种种冷漠。在社区上户走访的过程中，我们会遇到形形色色的人。爷爷奶奶的存在，让我重新燃起了希望。他们真正从社区的角度出发，关心居民的权益，积极参与社区活动与建设。此次经历也让我深刻意识到，在当前老龄化日益严重的背景下，社区老年人口显著增加。因此，在收集意见和采纳实施意见时，我们更应该多从老年人的角度出发，充分考虑他们的需求和利益。只有这样，我们的决策才能真正体现利民、为民的理念，让社区成为每一位居民，尤其是老年居民的温馨家园。

有一次，我们在1栋敲了一户人家的门，开门的是一位年轻女士。她一边打手游，一边听我介绍“幸福微实事”，听我介绍完，她就回头跟她丈夫说了一声：“来来来，你来填表，我去给你玩着。”男主人接过表，说：“我把姓名这些信息填完了，剩下的意见，居委会想怎么填就怎么填，有什么意见，他们写就好了。”

写完他就把表递给了我，女主人又说了一句：“其实啊，我们反映了也没用，没人会管。”我跟她解释道：“只要居民集中反映某个问题，那么这个问题就是当下迫切需要解决的问题。只有居民们同心协力地反映这个问题，政府才能看到。”她无奈地摇了摇头。从中便可以发现，年轻人对社区事务、社区建设的参与度明显低于老年人，甚至对政府决策持怀疑态度。因此，如何动员社区居民，特别是年轻人，成了当下急需解决的问题。

在上户动员的过程中，王主任对待居民们很热情，总是竭尽全力向大家解释什么是“幸福微实事”，减少居民的疑虑，细心引导居民提出自己的意见，而不是为了完成任务。她对待志愿者也很客气，傍晚还一直留我们吃晚饭。王主任把我们当志愿者，而不是免费的劳动力。

今天去的这5个单元和上次去的船山1号不同，居民楼新旧差异很大，安全措施差异也很大，居民参与度也有差异。不过，问卷回收率已经达到了百分之五十，算很不错了。

（五）信任问题

按照工作安排，我们在与社区工作人员对接后，开始了紧张有序的工作。

这次我们更改了摆点地点,以收集更多居民的意见。由于在上次活动中,居民参与的积极性非常高,所以在刚开始摆点时,我做好了迅速记录的准备,及时收集居民的意见,避免出现手忙脚乱的情况。在社区推广"幸福微实事"项目的活动中,我们志愿者和社区工作人员热情地向路过的居民解释项目内容,然而,却遭遇了意想不到的冷漠回应。一位路人明确表示不关心,随后类似的情况频频发生,以年轻人居多。我想,这种情况或许与摆点位置的变化有关。此前,我们在南浦街道那些老旧的楼栋中推广,面对的大多是热心参与的老年人。这次我们选择了靠近里洲街道的新型社区,这里的居民可能防范心理相对更强。基于此,我们决定调整策略,采取上户收集意见的方式。然而,迎接我们的却是接二连三的"闭门羹"。在里洲路的一栋楼前,我们甚至遭遇了无法进入的尴尬局面。社区工作人员接连按了7栋楼的门铃,都无人应答。我心中疑惑:是真的无人居住还是居民不愿意开门?我们决定采取迂回战术,但情况并未好转,要么家中无人,要么居民不愿意填写意见。有些住户安装了双层防盗门,我们连敲门的机会都没有。这一系列遭遇让我们深刻认识到,社区事务的参与度的提高并非一蹴而就。我们需要更加深入地了解居民的需求和顾虑,采取更加灵活和细致的策略,同时也要加强宣传,提升居民对"幸福微实事"项目的认识和认同感。只有这样,我们才能打破隔阂,真正走进居民的心门,共同推动社区的发展。

终于,我们成功敲开了一户人家的门,向对方说明了来意。以下是社区工作人员和住户的对话:

居民:"我不想填,我没什么意见。"

社区工作人员:"这是政府重点关注的项目,你对咱们社区有什么意见或者建议都可以填。好的建议会采纳。"

居民:"收集了建议又做不到,收集干吗?"

社区工作人员:"我们既然收集了,就不会给你们空头支票。居民呼声越高,政府就会越重视,你说对不对?如果你们都不积极参与,那该怎么落实呢,你说对不对?"

居民:"你说得也挺有道理,如果真的能落实倒还好。我们整栋楼都还没填吧,他们都晚上回来。你们多给我几张表,等他们回来,我给你们宣传宣传。如果能引起政府重视并且落到实处就好了。”

就这样,我们成功解决了一大难题,我觉得这两件小事从侧面反映了“社会信任度”下降的问题。一是居民的防备心理加强,可能是因为广告推销次数太多,不想被打扰。二是怀疑政府以及社区工作的落实程度,不少居民反映社区办事门槛高,之前有很多收集居民意见的情况,但收集之后没下文。其实,调动居民参与的积极性的关键,不是强制参与,而是政府真真切切地关心民生,把工作落到实处。当社区中有看得见的改变,居民们的参与热情才会被真正调动起来,进而推动社区改革。

在上户收集意见时,我们遇到了一位84岁高龄的老爷爷,他的出现让我们对社区改革充满了信心。老爷爷逻辑清晰,语言生动。他详细描述了社区积水的问题:“下大雨汇成一条河,下小雨时坑坑洼洼,积水严重,小车经过,溅到行人一身水……”他的回答让我们感受到了他对社区问题的关注和对改善民生的迫切期待。老爷爷表示,他之所以积极提意见,是因为这是为社区居民谋福利的大事。他的热情和责任感让我们志愿者心生赞叹。

这次经历让我们明白,社区改革需要倾听民声,更需要落实民生。只有政府与居民共同努力,才能让社区变得更加美好。

至于之前出现的重复提意见的现象,我觉得有两个原因:一是部分居民没有深入思考社区建设问题,而是出现从众心理,别人提什么意见,自己就提什么意见;二是重复提及的问题往往关乎居民的基本生活需求。例如,路灯和监控等设施的缺失或不足直接影响了居民的生活质量和安全感。因此,居民在提意见时,首先想到的便是这些迫切需要解决的问题。这并非因为他们没有进行深层次的思考,而是因为这些问题的紧迫性让他们无法忽视。综上所述,重复提意见现象是居民参与社区建设时的一种表现。为了更好地推进社区改革,我们既要引导居民进行更深入的思考,提出更多元化的建议,也要高度重视他们反复提及的问题,确保这些基本需求得到及时有效的解决。

(六)社区问题的解决

12月2日上午,由于需要处理个人事务,我没有到社区调研。下午1点许,我乘坐225路公交车来到了船山社区。大约2点,我们的工作就开始了。程洁学姐和其他几个组员去上户，我在社区办公室录入数据。

在开始录入数据前，有一位住户来到社区反映情况。住户称自己居住的楼栋的水管、化粪池堵塞，在工人维修途中，楼上的住户放水，导致污水再次上涌，情况很糟糕，致使维修工人没有打招呼便走了。社区工作人员听了问题之后回答，会在下次维修时通知其他住户不要用水。交谈期间，社区工作人员多次强调，水管与化粪池近几年都没有出现问题，而住户则回答这个情况已经出现很久了。

双方协商好后，我的工作便开始了。在我录入数据的过程中，我发现有不少住户都反映了下水道堵塞致使路面积水和化粪池堵塞的问题，可见，这个问题已经存在很长时间了。

此外，查看意见表时，我发现有部分住户只填写了部分个人信息，而未填写意见；有一户人家的多名成员填写的意见一模一样；有的字迹潦草，无法辨认；有的个人信息不准确。不过，也有部分居民积极参加这项活动，填写了多条很有价值的意见与建议。

（七）最后的投票

本次调研结果明显优于上一次，小组成员与社区工作人员上户宣传和收集意见的效率较高。本次意见表上的内容也更为丰富，有社区层面的，也有街道层面的。社区工作人员的态度也比较积极，甚至周末加班进行上户走访。第一阶段的工作基本结束，相信在第二阶段我们能做得更好。

项目筛选大会定在周日下午 2 点，地点在船山路的绝味龙虾店。社区工作人员要求我们一点半到达社区。西湖区参与式预算改革从第一阶段的意见征集，到现在的项目筛选大会，过去了整整 2 个月。我为大家的进步感到开心，心里也在幻想着筛选大会上居民们热烈讨论问题的画面。

我们小组的 5 名志愿者提前 10 分钟到达了社区办事处，社区工作人员在准备筛选大会要用的物资和文件，联系现场摄影师。简单地打了招呼之后，我们领了一些物资前往会场。

王主任带着我们进了船山路的绝味龙虾店的 2 楼，眼前的景象令人耳目一新：6 张桌子整齐排列，每张桌上都摆放着“桌长”“技术顾问”“记录员”的牌子。

引人注目的是，那些写有项目名称的投票海报格外醒目，它们不仅设有投票的空白区，还配有与项目相关的宣传画。这些宣传画虽小，却形象逼真、富有趣味，仿佛出自小学生之手，为会场增添了活泼的色彩。6张桌子中，有一张是专为领导、校友会成员准备的，其余5张则供居民讨论投票使用。值得一提的是，这里原本是一家火锅店，桌子本是用来吃火锅的，而灯光则是五彩斑斓，显得颇为阴暗。为了营造更适合开会的氛围，主任特意找来大灯泡，请人更换了部分灯泡，瞬间让房间明亮了许多。社区工作人员忙碌地穿梭于各桌之间，将筛选大会所需的文件、资料、项目筛选表以及矿泉水等物品一一分发到6张桌子上，为会议的顺利进行做好充分准备。

会议如期举行，居民们被分为5组，每桌为一组，人数视桌子大小而定。每桌设有桌长1名，由社区干部担任；技术顾问1名，由校友会成员担任；记录员1名，由志愿者担任。这样的分工确保了会议的有序进行，也为居民们的充分讨论和投票提供了保障。

会议具体流程如下：

1. 主持人宣布会议开始，介绍到场人员和大会流程；

2. 每桌桌长负责组织组员从分到的10个项目中推选出3个，并选出1名代表上台陈述投票结果；

3. 最终选出15个项目，参会居民在海报栏上投票；

4. 唱票并公布结果；

5. 宣布大会结束，合影留念。

在这次居民会议上，每个环节都安排得紧凑而高效，然而，技术顾问始终未出席。居民们也不理解为何要从10个项目中选出3个，一些居民情绪激动，纷纷表示："我们不投票了，除非把我们提出的项目拿来投票。"部分居民选择沉默，静静地坐在一旁，未参与讨论。随着会议进行过半，多数居民显得有些不耐烦，渴望会议早点儿结束。在讨论过程中，由于居民不熟悉投票程序，社区干部不得不解释多次。

在选代表发言环节，出现了一些不和谐的现象。社区干部在指定发言代表时，似乎有预设人选，这让部分居民感到不满。为了提高居民的参与度和会议的公正性，今后会议的组织和流程安排还需改进。

在当晚的会议上,2 号桌的技术顾问姗姗来迟,简单打了个招呼后,便匆匆离开了座位,直到会议结束,都没再出现。在讨论环节,桌长从坐下那一刻起,就似乎忽视了其他组员的存在,一直与身旁的一位阿姨低声交谈。即使在讨论过程中,桌长也依旧我行我素,完全未考虑其他成员的意见和想法。这种局面一直持续到第一个讨论环节结束。与此同时,整个会场呈现出一片忙碌的景象,海报和桌上的文件散乱地摆放着。组内成员在简单地说了一两句话后,便集体沉默,目光集中在桌长和那位阿姨的对话上。最终,桌长和居民阿姨直接决定了要推选的 3 个项目:安装楼道灯及庭院灯、安装护栏以及设立电动车停放点。做了决定后,她们只是简单地通知了其他成员。在投票表决环节,大家都表示同意,但实际上并没有提出任何意见。而且,关于这些项目的详细材料也并未分发给居民。当要求上台发言时,桌长要求全体成员举手,以营造一种全员积极参与的氛围。然而,桌长却明确表示,上台发言的将只有那位阿姨。我以为居民们会提出异议,但出乎意料的是,大家都表示同意,有些人甚至表现出了看热闹的心态,这种情况让我感到非常意外。

会议现场有些混乱,技术顾问一直没到场,社区干部没有给居民讲清楚推选规则,导致居民们对投票过程感到困惑。在这关键时刻,桌长提出了一个折中的建议:先投票选出前 3 个项目,然后针对这些项目写意见。居民们接受了这个提议,投票环节随即开始。然而,在投票过程中,社区负责人的行为引起了争议。他们对某些项目表现出了明显的倾向性。每当社区负责人大声宣布某个项目"全票通过"时,居民们纷纷表示同意,而没有进行深入的思考或讨论。当社区负责人表示某个项目"不太需要"时,没有人举手表示支持,项目就这样被轻易否决。整个投票过程似乎被社区负责人的意见左右,缺乏真正的民主参与和深思熟虑。这种情况下,投票结果可能并不能真实反映居民的实际需求和意愿。

饶主任详细地解释了投票规则,随后给每人分发几张便利贴,以便每个人都能写下自己对项目的看法。由于桌子宽敞,居民们不自觉地分成了 2 组。一边是 8 位充满活力的阿姨,她们接过便利贴后立刻开始认真地书写,边写边热烈地讨论。从她们的语气和表情可以推测,她们正在讨论哪个项目更受欢迎,以及选择该项目的原因。另一边则相对平静,只有一位爷爷在认真地写意见,其他人要么闲聊,要么四处张望。其间,担任技术顾问的阿姨耐心地向有疑问的居民解释。突然,桌长站起身来,手持红色的项目筛选表,提出了一个更高效的建议:“一个一个地归纳意见太慢了,我们直接给这10个项目投票……”她随后逐一念出每个项目,这一桌的居民则通过举手来表决。让我感到惊讶的是,阿姨们的意见惊人地统一。有几个方案全票通过,而另外几个方案则遭到了她们坚决的反对。经过一番表决,最终从10个项目中选出了3个:安装监控设备、维修楼道路面、安装楼道灯和庭院灯。这一过程虽然简单直接,但也有效地反映了居民们的集体意愿。

在这次的筛选大会上,我们发现了不少问题,例如:社区干部与居民沟通不足,座位混乱无序;社区干部存在弄虚作假之嫌,私下里指定了发言代表,却要求居民们营造出热烈讨论的气氛;技术顾问不作为,更别谈指导了;校友会失职,5桌有4桌没有校友会成员;居民参与度低,许多人要么沉默不语,要么拉家常,有人甚至直言“不关我的事”,会议进行到一半,大部分居民想离开;参与者中,老人居多,青壮年很少;社区干部工作不到位,没有按计划分成5组,居民发现其所投票的项目中没有一个是本组居民写的。

首先,社区干部作为直接服务居民的人,在与居民沟通时存在短板,这就是居民入场秩序混乱,现场分组不合理,居民不理解推选规则的原因。

其次,社区干部工作态度欠佳。他们似乎缺乏应有的热情和责任感,对居民需求的响应不够及时,缺乏积极主动的精神。

再次,参与式预算改革中,基层政府与社会力量的合作不够紧密,校友会作为其中的参与力量,存在走过场、不作为嫌疑。

最后,社区居民年龄普遍偏大,难以理解政策,思维固化。参与式预算改革之路艰难而漫长,需要社会各界共同努力与合作。

(时间:2017年12月2日至2018年1月14日。地点:西湖区南浦街道船山社区。调研人员:程洁、蒋观明、王守祥、黄衍、刘姿帆、温雨鸿。)

原来这是我们自己的社区啊
——来自濠上街社区的观察

(一)濠上街社区的主要"问题"

该社区于2002年10月由原濠上街、濠上街西、南城仓3个居委会整合而成,属西湖区筷子巷派出所管辖,有省级驻地单位1个(华财大厦)、市级驻地单位1个(南昌市第二十四中学)、区级单位1个(濠上街小学),200家店面环绕辖区四周(其中六小行业15家)。

该社区有楼房25栋,平房2栋,有1575户5797人。

社区工作站人事组织架构如下:站长1人,分管全面工作;副站长2人,分管党建工作、民政工作;专干3人,分管综治工作、计生工作、经济和文化。

1. 老城区的一个缩影

濠上街社区作为西湖区下辖的一个居民社区,体现了老城区的很多特色,可谓是老城区的一个缩影。首先,硬件设施陈旧,表现为道路坑洼不平,房屋建筑陈旧,外墙脱落,屋外的漏水管老化严重,社区垃圾回收处脏乱,有臭味,路灯等基础设施不健全……具体到每个楼栋或单元,问题同样显著:乱搭电线现象普遍,存在安全隐患;楼道的灯泡缺失或损坏,导致楼梯间昏暗;楼梯扶手陈旧,安全性难以保障。

针对这些问题,小组成员、社区工作人员以及居民普遍认为,当前阶段实施改善硬件设施的公共工程类项目是最为迫切的需求。这一点在后期的上户调研中得到了印证,居民们提出的建议主要集中在公共设施上。预计在意见征集完成后,项目库中的公共工程类项目将占据绝大多数,而公共服务类项目则相对较少。

其次,社区建筑物密度大,公共空间狭小,这也是一个突出问题。濠上街区域内密集地分布着27栋居民楼和2所学校,楼栋之间的公共空间有限,建筑设计不合理,如濠上街小学的卫生间和自来水设施只在1楼设置,不利于学生使用。在有限的公共空间内,居民的电动车随意停放,使空间更狭窄。

在楼栋内部,4户居民共享1楼的空间,住房空间狭小,储物空间不足,这进一步限制了公共空间的利用。公共空间狭小直接影响了大型公共工程类项目的实施,如休息亭、停车场、花园等设施的建设将面临挑战。因此,社区迫切需要对这些基础设施进行升级和改造,以提高居民的生活质量。

2. 老年人多,流动人口占一定的比例

社区的人口结构特点之一是老年人占据较大比例。由于年轻人多外出务工,长期居住在社区的以老年人为主,这在上户调研时表现得尤为明显。在征求老年人的意见时可能会因为理解能力、听力或其他健康问题而增加工作难度,降低沟通效率。此外,老年人文化水平普遍不高,填写表格或陈述意见时常常遇到困难,在一定程度上影响了社区工作的有效开展。

社区内约有1700户居民,其中约300户为流动租户。这些租户由于居住的不稳定性,对社区的归属感不强,因此他们参与社区事务的可能性极低,参与意愿不强。人口的流动性也给社区居委会的管理和服务工作带来了不利影响。

3. 居民的公共意识有待提高

从上户调研的情况来看,我们发现社区内的不少居民文化水平偏低,公共意识不强,社区整体观念不强,公共意识有待进一步提升。如前所述,社区处于老城区,常住人口多为老年人和妇女,这些受访者文化水平普遍不高,对公共意识的认知不足,对社区公共设施和问题的关注度不够,导致在征求意见时常常不知道提什么建议。特别是在征集街道层面的意见时,居民们几乎没有任何意见。而在征集本社区的意见时,居民的关注点大多局限于本楼层或家门口的公共设施,对整个社区范围内的其他公共项目则显得兴趣寥寥。这一现象反映出居民的公共意识较为淡薄,社区整体观念不强。

总体来看,老城区面临的硬件设施陈旧和公共空间不足两大问题,严重制约了居民日常生活的便利性以及未来幸福生活质量的提升,因此,当前最迫切需要解决的是这些硬件设施的问题,社区居民的强烈诉求也主要集中在这些方面。同时,老年人和流动人口占比偏高,这在一定程度上影响了项目实施过程中的效率和效果。受访居民文化水平较低,公共意识缺乏,这些问题影响了项目参与主体的积极性,将直接导致入户征求意见和后期动员投票工作面临较大困难。

在社区工作站休息了大约一个小时后,我们和社区工作人员就拿着早已准备好的写着"幸福微实事,你我共参与"的横幅和录好音的喇叭前往濠上街小学。我们摆好桌子、椅子,社区工作人员跑去召集在周围聊天的居民。不一会儿,居民们一个接一个地来到摆点处。可见,他们关注这件事情。由于社区工作人员前期已经宣传多次,我们不用做太多解释,大家就踊跃地填表了。由于人数太多,我们没能一一引导居民填写表格,因此出现了家庭住址信息未填写的情况。居民填好表格后就走了,我们本想邀请来接小孩的家长写一些反馈意见,但是很多家长并不是濠上街社区的居民,这是我们之前没想到的。在询问了几个行人后,我们便离开了,意见征集工作就告一段落。

(二)走访过程中发现的问题

我们的宣传工作存在纰漏,例如:意见征集阶段准备不充分,喊话用的喇叭没用多久就没电了,知晓本次征集会的居民并没有很多;意见征集现场比较混乱,有的没有填写家庭住址,有的居民并不是濠上街社区的;意见征集时间较短,收到的意见不是很多;居民提的意见大都相同,提意见时存在从众现象;有些居民对公共事务不太关心。通过调研工作,我们发现社区存在的主要问题如下:

1. 楼栋落水管破损,老化严重,存在安全隐患。惠一区 15 栋和 14 栋居民对于落水管的修补问题反映尤为强烈,居民们提出了不同的解决方案,有的建议使用塑料水管进行修补,有的则要求更换生锈的铁管。其中一位居民情绪激动地指着那些陈旧破裂的落水管说,他多次向社区居委会反映这一问题却未得到有效回应。他回忆说,不久前旁边的落水管就因为严重老化而中间断裂,清晨突然掉落,砸坏了一辆电动车,幸运的是,没有伤及居民。

2. 小区楼栋间的公共空间缺少健身器材。本次访谈的居民仍旧老人偏多,可能是因为访谈时间是上午,老人们在社区带孙子孙女散步、晒太阳,年轻人大多在家中休息。多位受访的老人提到,社区里老人较多,老年人腿脚不方便,散步走太远就腿疼,希望能在自家楼下安装相应的健身器材,供老年人锻炼。

3. 社区楼栋卫生清洁服务不到位。在本次上户征求意见的过程中，有几位居民谈及社区已经交了保洁费用，并且有清洁人员负责社区的清扫工作，卫生状况有所改善，但楼栋内部仍然清洁不足。居民们反映楼栋内时有垃圾堆积和异味问题，因此他们希望能够增设专门的保洁员负责楼栋内的清洁工作，以促进楼栋及整个社区的卫生状况得到根本改观，提高生活质量。

在今日上午的上户调研接近尾声时，出现了一个小插曲。我们志愿者在惠一区15栋楼下征集意见时，一名中年男子强烈要求更换或修补已生锈、老化的落水管，并强调其存在的安全隐患。在填写完意见后，当社区干部询问是否还有其他需要补充的内容时，男子表示没有。此时，社区干部随口建议将平整路面也加入意见表中，志愿者便将其记录下来。男子坚持认为这是他个人的意见，不应该增加其他内容。除了落水管问题，他不想提其他意见。他还提到，他多次向社区反映落水管的安全问题，已有近两年时间，但问题迟迟未解决。他担心，一旦修补路面，社区可能会要求居民交额外的卫生清洁费用。对此，社区干部解释道，一方面需要向上级反映并遵循流程才能解决问题，另一方面怀疑落水管项目不需要花费30万元，同时也要考虑剩余资金的用途。尽管志愿者立即划掉了修补路面的意见并做了解释，但是他最终没有在意见表上签字。他离开后，社区干部宣布上午的上户活动结束，并整理了意见表，看到那张没有签字的表格便随手把它扔掉了。这一幕令志愿者感到震惊，也让他们感到无所适从。

这个小插曲暴露了社区干部在问题解决能力、处事方法上的不足，同时也揭示了社区工作站在服务居民方面存在的问题，以及基层治理和基层社区干部的现状和挑战。确实，基层社区居民构成复杂，受教育水平和个人性格差异给社区干部的工作带来了不小的难度和压力。然而，这并不意味着社区干部的服务意识、服务能力和问题解决效率不需要提升。相反，这些方面需要改进。在意见征集过程中，社区干部应当始终坚持居民提出原则，避免过度引导，确保征集到的意见真正反映居民的需求和意愿。同时，积极动员和宣传也是必要的，以便让社区居民充分理解项目的意义，给予他们足够的思考时间，这样有助于提升征集意见的效果，使社区项目更加符合居民的实际需求和期望。

“幸福微实事”是为民谋幸福的民生实事和惠民工程，社区居民是整个项目的参与主体,更是项目的最终受益者,理应积极参与其中。然而,受文化水平、流动人口多等因素的制约,居民参与度不高,参与意识和公共意识不强,对社区整体状况关心不够,直接影响到征集意见的效果。

社区工作站的干部们,是整个“幸福微实事”项目的组织者,对于推动项目落地发挥重要作用。在意见征集阶段,社区干部存在以下困难:

1. 时间紧,任务重,人员不足,整个社区共有1700余户,只依靠社区工作站的7名工作人员在月底前完成走访任务的可能性不大。

2. 社区干部存在引导居民的倾向,如有意引导居民提出“粉刷建筑外墙,开挖下水道以及修补落水管”3项公共工程类建议,以提高效率或者实现项目资金用于这3个项目的目的。有的社区干部甚至直接和居民说,他提出的意见不可行,不是大家一致认可的意见。

3. 志愿者经验不足。在项目实施过程中,志愿者是第三方人员,一方面起着帮助社区干部上户调研、征求居民意见的作用,另一方面起监督作用,保证项目开展过程中遵循居民自主、彰显民意等原则。志愿者在当前阶段开展上户调研等活动存在的困难在于语言沟通不畅、时间不充裕、语言表达技巧不熟练等方面。志愿者需要多上户调研,不断深入了解社区的状况,积累上户访谈、征集意见的经验。

居民大都说南昌话,这使不懂南昌话的志愿者不能完全了解他们所要表达的意思,这就降低了上户的效率。志愿者们没能有效地引导受访者,导致填入表格的信息有很多是无效的。例如:很多居民反映某些住在高层的社区居民会从高处往底下扔垃圾,如果要把这个问题写在表格里,就必须有一个可行的措施;有些居民担心以后接到骚扰电话,拒绝填写手机号码,这使得意见收集过程受阻;由于学校到社区的距离较远,志愿者们留在社区工作的时间相对较短,意见收集效率低。

针对以上问题,我们想到了以下办法。在志愿者上户访问时,每队至少带1名社区工作人员,协助志愿者与居民沟通;在与居民沟通时,尽量引导其转到具体的工程或者服务上来;给社区居民解释留下手机号码的理由,并保证不泄露隐私;尽量提前到达社区,给上户访问留下足够的时间,学校如果可以提供专车接送则更好。

(三)工作总结

1. 部分年轻居民不信任志愿者。在本次上户调研时,志愿者发现部分年轻居民对社区工作持不信任的态度。调研小组由 1 名社区干部和 2 名志愿者组成,志愿者期望提高工作效率和自主性,但在实际操作中遇到了困难。特别是在惠一区 10 栋 3 单元 6 楼,居民对调研小组的到来表现出不信任的态度,甚至在听完介绍后立即关门。因此,在征集居民意见的过程中,志愿者仍然需要社区干部的带领,同时需要提高语言组织能力,简洁明了地介绍项目内容。为了增强信任感,志愿者可配备工作证,并在涉及留下姓名、电话或拍照等敏感问题时,先解释并征得居民的同意。

2. 在与老年人沟通时,我们面临不同的挑战。虽然老年人通常不会拒绝受访,但在意见阐明和沟通上存在障碍。将方言转化为普通话,一方面要求志愿者集中注意力去理解,另一方面需要社区干部的辅助和翻译,以确保信息的准确传达。

3. 为提高效率与效果,需要确定楼栋"联络人"。确定楼栋联络人是志愿者突然产生的一个设想,这个想法源自社区干部在中行宿舍上户访谈的一个举措:她和一个熟悉的朋友耐心讲解整个项目的意见征集过程和内涵,进行简单培训后,嘱托朋友在其所居住的楼栋分发意见征集表。如果在意见征集初期,给社区内的每栋楼找 1 至 4 名符合标准的"联络人"——他们熟悉项目内容、过程和意义,待人热情,有责任感,并与网格员关系良好,值得信任和依赖——对这些联络人进行前期培训,让他们在征集意见的过程中充分发挥作用,那么整个项目的效果有望得到显著提升。

尽管征集意见的时间仅为一个小时,但其效率之高令人印象深刻,这一小时的活动节省了我们向居民讲解的时间——两个小时。大多数居民对于如何使用这 30 万元资金有自己的看法,有的居民几天前提过意见,今天又在征集表上写下了新的意见。相较于志愿者,社区工作人员与居民的关系更为紧密,因此他们的参与更能激发居民参与的热情。在征集意见的后期,我们注意到意见的数量逐渐减少,这可能是因为到后期,参与的居民来自不同的社区,导致筛选和整理意见的难度增加,这也是我们的疏忽。这次意见征集会的规模较小,我们并不期望它能带来多大的影响。我们如果在细节上多下功夫,可能会获得事半功倍的效果。

在接下来的不到一周的时间里,我们希望能够总结经验,充分激发居民参与公共事务的热情,确保每一位居民的声音都能被认真倾听,并得到积极的回应。我们将努力确保居民提出的每一个诉求都不被忽视,都能够得到认真的考虑和满意的答复。

(时间:2017 年 11 月 20 日至 2017 年 12 月 14 日。地点:西湖区南浦街道濠上街社区。调研人员:叶盛、廖灵华、廖超琪、邹秀兰、万欣怡。)

居民与居委会应怎样相处？
——来自瓦子角社区的观察

（一）初步了解社区

我们与社区居委会的工作人员携手合作，共同开展了上户调研工作，以收集居民的意见和建议。抵达社区后，我们迅速投入紧张的上户工作中，与社区工作人员一起，共走访了52个单元，成功收集了610份有效问卷。

在开始工作之前，我们与社区工作人员对接了工作，了解到瓦子角社区的上户工作已经完成，目前正处于数据录入阶段。在社区工作人员说明了录入数据的要点之后，我们便开始了数据录入工作。

这是我们首次前往瓦子角社区进行调研，由于社区居委会位于2层，入口不太显眼，加之社区对接人在开会，未能及时接待，我们花费了一些时间才找到社区所在地。到达社区居委会后，我们首先在社区服务中心与居委会工作人员和兰州大学校友会的相关人员进行了深入的交流与沟通。随后，在社区工作人员万甜甜和林云的引导下，我们走访了社区的各个单元，初步了解了社区的整体情况。走访结束后，我们返回社区居委会，举行了座谈会，讨论了在走访过程中观察到的问题，共同商讨解决方案。

广润门街道瓦子角社区位于万寿宫闹市区，东连珠宝街，西邻象山南路，南接带子街，北靠中山路，辖区面积0.038平方公里。社区内共有21栋，划分为52单元，共有879户，常住人口2397人。社区办公用房坐落在棉花街22号8单元301室，总面积仅有6平方米，但设施齐全，设有1间办公室、1间会议室，配备了7台电脑和7套办公桌椅。

瓦子角社区始终坚持“群众利益无小事”的原则，把为居民办好事、做实事，作为工作的出发点和落脚点，紧紧围绕社区需求，积极开展便民利民、扶贫帮困、互助互爱的社区公益活动。瓦子角社区先后建立了社区卫生服务站、社区便民服务站、社区阅览室、社区矛盾调处中心、社区宣传栏。瓦子角社区重视以社区文化和社区教育为载体,扎实地开展各项工作,始终坚持以人为本,提供优质服务。为了进一步提高社区服务能力,瓦子角社区正在积极协调,计划在西湖文化馆内租赁200平方米的办公用房,以便为居民提供更加宽敞的公共服务空间,持续提高社区服务的质量和效率。

(二)高频问题

在本次社区活动中,我们遇到了一些挑战,主要缘于前期的宣传力度不足,导致居民对活动的了解程度不高,许多人对项目的具体内容感到陌生。此外,社区与居民之间的联系不够紧密,许多居民对社区主要负责人并不熟悉,这在一定程度上影响了居民的参与度。在走访过程中,我们发现部分居民对活动持不信任态度,他们怀疑工作人员的身份,并对调研活动的可行性和有效性提出质疑。这种不信任感导致了居民参与问卷调研的积极性不高,有些居民甚至拒绝回答问题。由于调研是在周日进行的,很多居民不在家,这也导致了有效问卷的完成数量偏少。居民们普遍更关注与自身直接相关的问题,有时会忽视社区的整体利益,提出的建议可能缺乏普遍性。在半天的上户调研中,我们遇到了一些阻碍,主要是因为居民对活动的了解不足,导致居民的配合度不高,参与积极性有限。尽管如此,也有部分居民热情地参与了调查,并提出了具有建设性和可行性的宝贵意见。通过这次调研,我们深刻体会到了居委会基层工作的艰辛。社区目前面临的一些主要问题有:家畜随意放养,影响社会环境与市容;缺乏统一规划的停车点,导致私人用品占用公共区域;楼道照明不足,影响通行;衣物随意悬挂在电线上,存在安全隐患;部分水管未埋在地下,排水系统堵塞,导致地面积水严重;基础设施陈旧,电线老化,水管漏水;老年活动场所和文体中心不足。针对这些问题,我们需要制定相应的解决方案,以提升社区的生活环境和居民的生活质量。

(三)老小区问题多

在录入问卷的过程中,我们也发现了一些需要注意的地方。例如,我们发现居民对于增加社区公共设施和活动场所的需求显得尤为迫切，特别是增设电子监控、楼道灯、垃圾箱，以及建立文体活动中心和居家养老场所等建议频繁被提及。我们还观察到，受访者的年龄普遍较大，文化程度普遍不高，大多数受访者的年龄在45岁以上，教育水平多为小学或初中。年轻人参与度不高，这可能是因为他们中的许多人是租客，对社区事务的关注度不高。部分居民的签名辨识度较低，这给问卷的录入工作带来了挑战。有些居民的签名虽然独特，但不易识别，导致我们不得不耗费额外的时间去楼栋住户资料中查询，从而降低了工作效率。通过对问卷的归纳和整理，我们认识到有效沟通是发现问题的重要条件。因此，我们认为不仅要增设公共设施和活动场所，而且要加强社区工作人员与居民之间的沟通。这样做不仅能增强居民对社区的认同感，还能让社区工作人员及时了解居民的需求，从而更有效地解决问题，提升社区服务的质量和效率。

（时间：2017年12月2日至2018年1月14日。地点：西湖区广润门街道瓦子角社区。调研人员：杨妞妞、赵苓熹、刘志强、张慧红、苏佩佩、肖心怡、童思羽。）

二、幸福的前提是信服

合理来源于秩序

——来自里洲社区的观察

(一)上户准备

经过了解,里洲社区有33栋楼房,67个单元,常住户985户,共2716人,网格化管理组织机构完善,服务设施较为完善,包括邻里互助中心、志愿服务站、儿童活动中心、廉政文化活动中心等。社区经常开展活动,其中文体活动和便民服务占大多数。

我们作为志愿者主要负责跟随社区工作人员上户发放意见征集表,指导居民填写问卷并解答各类疑惑;在社区广场设立宣传点,向周围居民宣传项目和收集意见征集表。在收集完意见征集表后,志愿者在社区办公室内对上户走访和摆点收集的意见征集表进行电子化整理和归纳。

在“幸福微实事”项目正式启动之前,社区组织了一次重要的座谈会。会上,社区领导详细介绍了里洲社区的概况,并就当前的工作进展进行了深入的交流。南京大学校友会代表在会上针对项目下一阶段的工作提出了宝贵的意见和建议,并嘱咐志愿者们积极协助社区开展各项活动。为了更好地推进“幸福微实事”项目的实施,会上新建了一个专项工作群。该群旨在为社区、校友会以及南昌大学的志愿者提供一个沟通平台,以便他们就项目的意见征集和执行情况进行及时的交流与协作。最后,社区、校友会及志愿者三方达成共识,表示将倾力合作,确保“幸福微实事”项目有序推进,为进一步推进社区建设而努力。

11月11日上午,第3志愿小组的4名成员前往西湖区南浦街道里洲嘉苑社区进行实地调查,其他2名成员由于在外调研未能参加此次调研活动。我们相约在2号门见面，并一同乘坐公交车前往里洲社区，比约定的时间提早了半个小时到达。周末只有1名工作人员，社区工作人员谈姐接待了我们。谈姐有些严肃，一板一眼地领着我们参观了里洲嘉苑社区的老年人休闲中心、书吧、邻里互助中心、少儿美术基地、残疾人互助会、廉政文化活动中心和南浦街道党群服务中心。这是我们小组首次前往里洲社区实地调查，目的是初步了解社区的基本情况，为下一步的志愿工作奠定良好的基础。

11月16日是工作日，因此工作人员建议我们晚上来，因为白天大多居民在上班，家中没人。大部分组员准时到场，仅有1名组员因课程安排缺席。我们同上次一样乘坐公交车前往社区，由于正值晚高峰，加上天气原因，我们比约定的时间晚到了半个小时，严重影响了工作进度。我们到达时，仅有1名工作人员在场等候，其余的工作人员已经开始上户调研了。

（二）交流意见

由于社区较大，我们5人分成了2个小组，分别跟着2名工作人员上户。我们此次共走访6栋楼34户人家，有近一半的居民未在家，相当一部分房屋是对外出租的。在居委会工作人员的帮助下，大多数居民愿意配合我们的工作，仅3户人家不愿意填写意见征集表，其中2户是即将搬出社区的租户。最后，我们同居委会的工作人员约定11月18日再次走访社区，并收集整理本次上户时收到的意见征集表，同时决定于11月19日再次上户调研。

上户前一天晚上，同社区对接的南京大学校友会秘书长刘祖仑在微信上与我联系，告知今天下午4点，他们会前往社区开座谈会，了解当前工作的进展。由于消息太突然，组员们大多因课程安排等原因无法到场，最终只有2名志愿者参与。

下午4点，我们准时到达了居委会办公室，只有1名工作人员在电脑前忙活。看见我们后，他立刻热情地招呼我们落座。闲聊了一会儿，校友会成员也到了，工作人员便下楼接待他们去了。一共来了4名校友会成员，分别是南京大学江西校友会会长蒋国忠、副会长辜纪文、秘书长刘祖仑和副秘书长涂小松。会上，我们针对社区目前的工作进度进行了交流，讨论了遇到的困难，并落实了今后的工作方向。会后,校友会成员就离开了,我们和社区工作人员继续开展上户访谈。由于时间已晚,我们走访了3栋楼便结束了今天的行程。

(三)道路问题刻不容缓

经过数次深入的上户征集行动,我们小组积累了大量宝贵的第一手资料,接下来将着手对这些信息进行系统的整理。为此,2名组员事先已经与里洲社区负责人商定,于11月22日17:00,乘坐公交前往社区,协助社区工作人员共同完成这项繁重的整理工作。与此同时,另外2名志愿者也到了社区党群服务中心,耐心等待工作人员的到来。5分钟后,4名工作人员到场,他们向我们详细说明了当前的任务重点:首先需要将部分表格内容录入系统,以有效减轻后续工作的负担。于是,我们立即行动,前往社区办公室专心致志地录入表格内容,而另外2名志愿者则继续上户收集意见。在去往办公室的路上,我们经过了一条狭窄的小路,两边商铺林立,门口停满了车辆,且道路中有2辆轿车逆向而行,一时间造成了严重的交通堵塞,导致后面的行人和非机动车无法通行,堵车过程中伴随着居民的抱怨声。经过一番询问,我们得知这是一条单行道,社区街道两侧车辆随意停放的问题长期存在,时常造成通行不便,甚至引发不必要的矛盾和冲突。面对这一棘手问题,社区工作人员无奈地表示,这已经超出了他们的能力范围,需要更高层面的协调和解决方案。

到达办公室后,我们步入2楼的办公区,只见所有工作人员桌上都配备了性能优良的台式电脑。我们迅速打开了南浦街道里洲社区"幸福微实事"项目汇总表,表内详细列出了序号、编号、项目名称、项目类型、项目类别、项目范畴、项目层面等一系列基本信息项。在简要浏览了所需整理的内容后,工作人员便耐心地指导我们录入数据,确保工作交接顺畅无误。完成指导后,他们便动身前往楼栋,与其他工作人员会合,继续开展上户收集意见表的工作。我们则专心致志地整理表格,2个小时的时间在忙碌中悄然流逝,此时工作人员已返回办公室,今天的工作暂时告一段落。离开之前,我们与工作人员充分协商,确定了下次调研的具体时间。

(四)摆点征集意见

12月3日9:00,我们再次乘坐公交车前往社区协助社区工作人员工作。到达车站后,2名志愿者骑共享单车到达里洲广场等待工作人员。由于恰逢周末,加上天气不错,人们纷纷走出家门,享受这难得的休闲时光。家长带着小孩在广场上嬉戏玩耍,小年轻则坐在花丛旁闲聊,画面显得十分惬意。10分钟后,1名工作人员携带宣传单、意见表和横幅到达广场。由于里洲社区办公室距离宣传地点较远,工作人员就去船山社区借来桌椅供我们使用。我们把横幅系在2棵树之间,随后戴上志愿者的工作牌,向广场上的居民宣传项目情况,动员他们填写意见表。有些居民表示已经在上户期间填写过,但仍对提出了建议能否得到解决结果表示怀疑。在摆点宣传期间,我们遇到1位其他社区的居民。他在了解了项目内容后,积极反映了小区存在的停车、养宠物以及与社区居委会沟通等问题,并提出了相关意见。与此同时,一些积极参与的居民主动来到我们的宣传桌前填写意见。他们询问了当前反馈最多的问题,并表示人多力量大,写的人多了,问题得到解决的可能性就越大,他们还表示会鼓励身边认识的人来填写建议。社区工作人员感慨道,之前很多居民也反映过类似问题,但限于社区能力有限,久而久之,居民对居委会的信任度下降。他们希望借这次机会,将居民提出的问题落到实处,重新赢得居民的信任。就在我们准备收拾桌子结束工作时,一家爷孙三代走到我们面前。主动询问后,他们自取了宣传单和意见表,并表示会仔细填写,明天亲自送到社区办公室。摆点活动结束后,我们一同归还了借用的桌椅,结束了当天的志愿工作。

在深入社区收集意见的过程中,我们收到了众多居民关于改善社区环境的宝贵建议,包括安装路灯、摄像头、电梯,解决墙面漏水问题、餐馆油烟问题,以及粉刷楼道墙、改造化粪池、修理防护栏、修缮水管等。其中,1位五六十岁的阿姨在了解我们的来意后,情绪十分激动。她强烈表达了加装电梯的迫切需求,认为这是社区内老年人最为关注的问题。她甚至在对门邻居填写问卷时,急切地和邻居交流了自己的想法,希望邻居也能写下这一建议。我们承诺会在调查中保持客观严谨的态度,同时不对问卷收集进行主观引导。在尝试拍照时,阿姨迅速关上了门,表示不愿入镜。走访时,我们还发现部分宣传海报被撕毁,许多居民对“幸福微实事”项目缺乏了解,甚至不知道它的存在,这说明社区在项目宣传方面还存在不足。此外,访问的住户中有很大一部分是租户。作为流动人口,他们往往缺乏项目参与度和积极性。工作人员建议,对于明确表示租户身份且不愿配合的居民,不必花费过多时间。我们还注意到,宣传单上的表述过于笼统,如增加路灯,而实际需要居民提供具体的位置信息,这给居民填写意见带来了困难。因此,我们建议在每个路灯处标注序号,以便更准确地收集居民的意见。社区道路交通堵塞问题也被频繁提及,小区内停放车辆导致路面狭窄,影响行人和非机动车辆通行,但目前居民尚未提出具体解决方案。居民反映最多的是楼道内部分感应灯损坏以及小区门口花园内的路灯损坏,给夜晚出行带来不便。由于里洲社区为开放式社区,没有物业及时处理,居民只能自行安装电灯或等待政府修缮。问题长期得不到处理,将带来一定的安全隐患。

(五)社区存在的问题

第一次看社区整体的外表时并没有很明显的问题,但这次走进楼道里才发现整体都较为老旧,墙面斑驳,电线杂乱,工作人员和我们说这边老人比较多,年轻人多是租户,所以基本上没有人组织呼吁维修老旧设备。

在一次上户征集意见的过程中,我们遇到了 1 位女士,她用疑惑而谨慎的目光注视着我们,显然对我们突如其来的到访感到意外。我们迅速表明了来意,并希望她能积极参与,填写宝贵的意见。她接过问卷,犹豫片刻后,透露自己只是这里的租户,租期仅到今年年底。因此,改善社区的项目即使最终得以实施,她也难以享受到成果。最终,她将问卷退还给了我们。尽管拒绝我们的大多是租户,但我们依然遇到了一些热心的租户愿意提出自己的意见。1 位女租户前段时间不慎摔伤,仍拄着拐杖坚持填写问卷。她十分关心社区环境,希望自己的声音能被听见。

在整理完居民的意见之后,我们面对着诸多问题,确实感到对项目的筛选有些摸不着头脑。通过与社区工作人员的细致分析,我们逐渐对这些问题背后的缘由有了更清晰的认识。该社区建成年代较早，当时并未前瞻性地考虑停车位设置问题，导致如今车辆乱停乱放现象严重，横七竖八的车辆不仅让道路变得狭窄难行，有时甚至堵死了关键的消防通道，埋下了巨大的安全隐患。此外，社区内豢养宠物的现象也颇为普遍，经常可见的宠物粪便影响了社区的美观。有一些较凶猛的大型犬类和未系绳索、未上犬牌的小型犬，给居民带来了不小的安全隐患。不时传来的狗吠声也严重扰乱了居民的日常生活。在社区卫生方面，整体条件也显得不尽如人意，部分地面覆盖着青苔，有积水，老人在行走时极易发生安全事故。面对这些亟待解决的问题，我们越发认识到此次“幸福微实事”项目的重要性和紧迫性，它无疑有助于改善社区环境、提升居民生活质量。

（六）筛选大会

经过2个多月的居民意见收集和整理，西湖区“幸福微实事”社区参与式预算改革终于进入了第3阶段——试点项目筛选。此阶段旨在让居民进一步了解“幸福微实事”及相关工作的进展，了解居民对项目实施的具体要求和想法，为后续根据预算金额进一步筛选项目做准备。在听到里洲社区要举行筛选大会的消息时，我感觉很茫然，不知道自己能做什么。于是，我把其他志愿者写的有关象山社区的日志翻出来看了看，对整个筛选大会有个大概的印象。1月13日下午2点20分，经过近1小时的车程，我们来到了居委会办公室门口，此时办公室没什么人。我们上楼时，1位穿红色衣服的阿姨告诉我们其他人都在隔壁的餐馆——筛选大会举办地点。我们进入了会场，此时人还不多，大多数是社区工作人员，4张餐桌已被精心收拾妥当，成为居民落座讨论的地方。抬头间，一张醒目的横幅映入眼帘——“里洲社区第九届居民代表大会”。原来，2场会议合并举行。会场布置已基本就绪，我们5名志愿者站在一旁，有些无所适从，气氛略显尴尬。随着时间的推移，居民们陆续抵达，会场逐渐热闹起来。我们迅速分工，4人各自负责1张桌子，剩余1人负责在现场拍照记录。由于未给居民分组，社区工作人员和我们志愿者只能让居民随意就座。4张桌子渐渐被居民填满，我负责第1组。该组有10位居民，仅有1位是男性，外加1名桌长、1

名技术顾问和1名记录员,总共13人。桌上摆放着项目单,列有10个项目,涵盖服务类和工程类。起初,居民们拿着项目单默默地看着。注意到身边有老人未戴眼镜,视力不好,我便逐一向他们详细解释每个项目的内容。然而,我发现其中1位奶奶并未真正听我说什么,只是出于礼貌地点了点头。

随后,那位奶奶便用笔在3个项目前打了钩。对面的1位奶奶,还在别的项目单上打钩。我问身边的奶奶:“奶奶,这是您自己选的3个项目吗?”奶奶回答我时看了一下对面,说:“我们是一起的。”桌长和技术顾问到来后,简单地介绍了筛选流程,随后便让大家自由讨论,讨论没有我想象的那般激烈。相反,我们这组很安静,只有对面的那位奶奶在和技术顾问说话。刚开始两人态度较为和缓,但是那位奶奶越说越激动。由于会场很嘈杂,加上没有话筒,我不知道她们在说什么。走近她们,我才知道奶奶是在抱怨监控设备监控不到自己所在的楼栋,导致偷盗事件频发。技术顾问尽力给奶奶解释,可奶奶愣是听不进去,嗓门越来越大。之后桌长也来帮忙,奶奶对桌长说:“我觉得这不公平,我们楼栋就来了4个人,我们要求增加监控设备,楼栋设有监控设备的居民不会投这个项目,我们人数上不占优势,这不公平!”桌长解释道:“你们可以先把这个问题提出来,等会儿上去发言。”双方似乎到了要争吵的地步,桌长似乎没有发挥多大的作用,没有鼓励大家一起讨论。这时,我才发现身边的那位奶奶不见了踪影。显然,她是来凑数的。

随着讨论的深入,会场的气氛逐渐热烈。1位气质出众的奶奶也按捺不住激动的心情,提出了关于路灯的问题。她并没有与其他居民讨论,而是向旁边的大哥倾诉:“路灯的问题必须解决,老年人眼神不好,容易磕着,年轻人晚上下班回家也不安全。”听到这里,我不禁对这位奶奶心生敬意,觉得她非常关心社区的安全与民生问题。这时,有人前来询问是否已经选出了3个项目。争论中的奶奶和技术顾问才逐渐平静下来。技术顾问逐一收集每个人的项目单,将10个项目的编号写在纸上,并采取写“正”字的方式来计票。

随着时间的流逝,各桌的项目都已经选出来了,进入了小组代表发言环节,我们组派出的是第一个发言的奶奶,她阐述了我们组选出的项目及其理由,随后,第2组、第3组、第4组的代表发言。尽管我和发言者距离不远,但现场太嘈杂,我难以听清他们所说的话,更不用说那些坐在远处的居民了。其中1位奶奶的发言给我留下了深刻的印象,她是第4组的代表。第4组提出的项目都着眼于社区大部分人的利益,而非个人私利,赢得了在场所有人的热烈掌声。接下来是居民投票环节。社区工作人员在准备投票纸上花费了大量时间。趁着这个间隙,桌长向居民们讲解了投票规则:"每个人有10张投票纸,投票纸上标有序号,每个项目每个人只能投1票,每个人总共可以投10个项目。"然而,那位奶奶对此表示不满:"我觉得你们这样设置投票不公平,我只想投那3个项目,你们非让我投10个,为什么不能把票都投给那3个项目,你们这样设置不公平!"尽管桌长耐心解释,但奶奶显然听不进去,只是无奈地摆摆手、摇摇头。

投票开始,首先是我们第1组上前投票。起初,秩序还算良好,但随着时间的推移,其他组的居民纷纷上前来,场面逐渐变得混乱。我注意到之前的争吵并未影响奶奶的积极性,她手上拿着一大堆投票纸,在寻找自己提出的几个项目,1个项目被她贴了好几张纸。我心中不禁感到诧异,这样投票是会作废的啊!后来我才意识到,奶奶拿了好几个居民的投票纸,估计是同一栋楼的。奶奶边贴边嘀咕:"反正票多,我还要在这儿贴1张。"我在之前坐的位置坐了下来,这时其他组的1位爷爷无意中看到我们组的桌上有散落的投票纸,拿着投票纸就开始前往投票的地方,把它贴在海报上。

在一阵混乱之后,大会终于接近尾声。投完票之后,居民们陆续离开,这个时候社区工作人员才反应过来要让居民留下来听最后的投票结果。可是,此时人已经走了一大半了,我们组全都留下来听了最后的结果。随后,大家拍照留念,为这次大会画上了句号。

然而,回顾这次大会的全过程,不少问题显现出来:事先对志愿者的培训明显不足,导致他们对自己的工作以及大会流程不熟悉;现场秩序混乱,社区未能按照大会组织方案的要求对居民进行分组,而是让居民随意就座,使得场面难以控制;会场上缺少必要的话筒等扩音设备,导致代表发言时声音被嘈杂声淹没;此外,"抱团"现象严重,在小组推选3个项目的环节,讨论并不充分,个别居民直接向桌长和技术顾问反映问题,而其他居民则大多处于被动状态,缺乏参与感;投票环节更是出现了"帮投"现象,一人拿着多人的投票纸进行投票,严重影响了投票的公正性;再者,桌长在讨论过程中发挥的作用并不明显,未能有效鼓励居民充分发表自己的看法,而是与个别居民进行小范围讨论,忽视了整体的意见交流。

(七)讨论

我被分到2号桌当记录员,2号桌的桌长是社区的付维英,技术顾问是南京大学校友会的刘祖仑。会议还没有开始,就有爷爷奶奶陆续入座。其中1位奶奶引起了我的注意。奶奶入座之后看见我,就从怀里掏出1份报纸,对我说:"小弟啊,我们这个社区可不可以装全语音交互系统啊,按键就可以享受生活护理等设施的便利。你看报纸上都写了青云社区都装了,我们社区能不能装啊?我们社区老人多,这个设施还是很方便的。"我回答道:"我们给您记下来,到时候跟社区干部反映一下。"奶奶说"可以"。之后,奶奶对桌长说了1次,看见技术顾问又说了1次,还和工作人员说了1次,在我们选项目的时候又跟大家强调了这件事。我们这桌后来根据流程投票,选出了设置电子监控设备、修建停车场以及维修或更换路面地砖3个项目。前2个项目都以5票当选,第3个项目的抉择显得尤为纠结。讨论首先在得票均为4票的2个项目——加强治安和办居民食堂、关爱老人活动——之间展开。然而,就在辩论胶着之际,有人提及居民食堂实际上已在社区不远处设立,因此,大家一致倾向于选择加强治安作为第3个项目。当我们把选出的项目汇报上去的时候,居民们就在桌上随意讨论,有人说他家门前的路面经常积水,许多人同时附和。后来,居民们和桌长商量可不可以更改选票,最终在维修地面和加强治安2个项目之间又进行了1次投票,最终选择了维修地面。

参与筛选大会的群众基本上是40到70岁的中老年人,没有年轻人,我负责的第4组共有10位60岁以上的老人,很多老人一上来就说必须处理下水道的问题,而不顾筛选大会的规则。随后,社区工作人员和社区居委会主任确认了流程,并得到了校友会的帮助。在他们的帮助下,老人们逐渐了解了大会的流程,然而,现场却缺少话筒这一关键设备,导致主持人的话语和规则讲解多次被淹没在嘈杂声中,主持人不得不反复解释。当得知我们这桌的10个项目以及其余30个项目都可以参加投票后,大家悬着的心才终于放了下来。在我们这一桌,1位受过良好教育的老人成了焦点,他思维敏捷、表达清晰,几乎主导了整个讨论过程。他不仅提出了选择项目的理由,还深入考虑了可操作性,最终带领我们迅速确定了3个项目:消防、管道和环境问题。这时,校友会的小姐姐向我透露:"其实,上次象山社区就暴露了不少问题,所以现在的流程已经做了调整,每组都应该在便笺上写下推选那3个项目的理由,再在海报上投票,而且票上也标了数字,避免重复投票。"然而,实际情况却是我们总是在完成一个环节后,才后知后觉地了解下一个流程。紧接着,我们又接到通知:需要选出1位代表上前说明选出的3个项目。这一此前未曾提及的环节让在座的老人都显得有些措手不及。在大家的强烈推荐下,那位受过教育的老人勉强答应担任代表。尽管最初有些不情愿,但在社区工作人员的耐心劝导下,他开始逐个分析10个项目的理由,详细说明推荐那3个项目的原因,以及不推荐其余项目的理由。他上台讲述时,中气十足,即便没有话筒,也能让在座的人听得清楚。

随后,工作人员将41个项目的海报贴到玻璃墙上,并给每个参会的居民发了10张贴纸。在开始投票时,尽管采取了每组依次上前投票的方式,但没有明确规定每组投票的时间,导致别的组无视秩序直接上前投票,使得海报前聚集的人越来越多,现场逐渐陷入混乱。投票结束后,众多参会的居民未与工作人员打招呼便擅自离场,这是在开始投票之前未能明确告知投票后的工作流程导致的。

(八)会后收尾

会议结束后,我们志愿者帮助社区工作人员打扫了现场。在忙碌之余,我们几个志愿者也交流了各自小组的情况。我率先开口:"我们那一桌还算顺利,因为有位起主导作用的老人家,所以讨论很快就结束了,之后大家基本上都在闲聊。"A点头表示赞同:"我们也是,我们组有个阿姨特别积极,项目很快就定下来了,其他人都没怎么发言。"而B则有不同的感受:"我们组可没这么顺利,我们商量了好久才定下来。现场太乱了,根本听不清他们在说什么。"我深有感触地说:"确实,感觉很多流程大家都没搞清楚。而且没有话筒,主持人说话也听不见。我觉得很多人都认识,而且是一栋楼的,所以他们的很多需求都一样。座位安排得太随意了。”从大家的反馈中,不难看出,会议现场的氛围控制、秩序维护和环境布置,需要进一步完善和改进。

当最后的结果公布时,不难发现,很多项目其实是同一单元楼的邻居们一厢情愿的选择,而不是所有单元楼共同的想法。前面几个项目的票数比较相近,这从侧面反映出小区确实存在许多亟待解决的问题。这次大会虽然结束了,但它带给我们的反思和启示却是深远的。我们期待在未来的日子里,能够携手社区,共同打造更加和谐、美好的居住环境。

(时间:2017 年 11 月 11 日至 2018 年 1 月 13 日。地点:西湖区南浦街道里洲社区。调研人员:廖琳如、李欣悦、郑盛、李鼎梅、李递。)

“幸福微实事”落实了吗？
——来自万寿宫社区的观察

(一)初见万寿宫社区

从繁华的珠宝街一直往里走，右侧便是我们要调研的万寿宫社区。万寿宫社区背靠著名景区及南昌繁华的中山路商业街，周边道路两旁遍布着各式商店和餐饮店，人气旺盛，热闹非凡，展现出都市的活力与魅力。我们跟随王主任的步伐，穿过熙熙攘攘的人群，拐进了一条狭窄的通道。这条不起眼的小巷，通向社区居委会所在地。

我们从王主任那了解到社区的基本情况：万寿宫社区有2个平台，即方井头巷和带子街。居民区大都在3楼以上，3楼之上是1个平台，3楼之下是商场。方井头巷平台有4栋居民楼，楼与楼之间的通道很窄，只能同时通过2个人。中间有2个占地面积很大的网棚。如果对网棚进行改造，将给居民提供1个很大的活动空间。带子街平台则相对较宽敞，3栋居民楼之间有2个小广场，但停满了车辆，除了1张石桌和几张石椅，没有其他公共设施。

在参观完居民楼后，王主任领着我们绕着整个社区转了1圈，从外部观察社区的结构。1、2、3楼都是商店，楼下分布着便利店、小吃店、文具店、服装店等，菜市场就在不远处。社区右侧与翠花街社区相邻，那里正在建造仿古建筑，未来将一同打造商业步行街。因为万寿宫社区的大多居民已外迁，仅剩下8栋房子33个单元560户人家，约1600人。我们穿行于1条狭窄且昏暗的巷子，巷子的尽头是1栋极阴暗的2层小楼，那里居住着十几户人家，多为老人和小孩。社区1楼的小广场，空间很小，仅能容纳几辆电动车。经过实地考察，我们对社区的基本情况有了大概的了解：这是1个典型的老社区，只有几栋居民楼，缺乏独立的娱乐设施，且采用开放式结构，没有物业管理体系。居民的活动空间极为有限，主要集中于楼道间，卫生环境也亟待改善，老人和小孩是主要居住群体。

(二)首次上户遇挫折

初次上户时,我们跟随的是刚在社区工作3个月的1位女士,我们的任务是协助她引导居民填写意见表。起初,我们对这种上户征集意见的方式抱有疑虑,心中不禁有疑问:前期社区是否进行了充分的宣传?居民们是否能够顺利完成这两张意见表?开始我们误以为这些表格是社区设计的,后来才知道它们是由项目组下发的,我们觉得意见表在设计上存在一些问题。经过一下午的上户,我们深刻体会到,作为志愿者,我们只能紧随社区工作人员之后进行宣传和提问,因为居民们普遍具有较强的戒备心,加之我们听不懂南昌话,沟通上存在一定的障碍。我们深切地感受到,如果没有社区工作人员的协助,与社区居民沟通交流将很困难。

在上户的过程中,我们遇见了3类户主:一类对项目完全不感兴趣,连门都不愿意开;一类是拿到意见表,听完介绍,在工作人员的引导下才提出几点意见;还有一类态度极为消极,不愿配合我们工作。在这次上户的过程中,我们便遇到了这样一户人家。

在我们宣传过程中,1位大叔看见我们正在宣传,就对我们说:“我跟你们讲,你们这样做是没有用的。”我不禁反问:“那您觉得我们应该怎么做?有什么建议可以给我们吗?”大叔说:“你们应该把整栋居民楼的意见,就是所有居民的意见归纳起来,然后再根据实际情况来搞。”实际上,我们正是在挨家挨户地收集意见。“您说的归纳呀,是我们之后要做的,我们现在就是在收集你们的意见,等收集完了以后,我们一张一张地看,归纳以后再报到街道去。”

大叔又说:“我看到你那个表了,内容有很多。比如停车棚,你们是根本解决不了的,这是个老城区,是不是?寸土寸金,哪还有地方给居民放电动车呀?这是最大的问题,是吧?就说监控,前年就说这里要装监控,到现在还没装。路灯问题倒是解决了。还有垃圾桶问题,不是因为垃圾桶问题对我家有影响我才反映,你们那个表里面也提了垃圾桶的问题是吧?我就说出来了,我家前面有1个,后面有1个,后面那个没正对着我家,这家(邻居家)是正对着的。所以老城区的好多问题,你们解决不了,不是我打击你们工作的积极性哈……”

见大叔如此消极，我们急匆匆打断了他的话："你说这个解决不了，但是现在把这些问题报上去以后，上面会看的，晓得不？你以前就是……"

大叔不屑地笑道："我知道，你来万寿宫社区多久了？"社区姐姐确实没来多久。大叔又说："没来多久是吧？过去万寿宫社区那个门口就停放自行车，就可以解决一部分人停放自行车的问题。现在电动车全部停放在这里，没办法。我早上 4 点钟就要起来上班，我的电动车放哪儿？"社区姐姐说："你可以专门在那搭个棚放电动车。"大叔反驳道："不现实，我搭了，人家也要搭，就乱套了，知道吧？"

社区姐姐不停地想办法缓解大叔的消极情绪："其实可以这样，划出一块专门停放车子的地方，大家都可以停，车子就集中停在这里，不要到处乱停。"大叔听了又笑了："要管理不？管理要产生费用不？我停在这里，从家里拉根电线来充电，他也从他家拉根电线来充电，这又出现了消防安全的问题。所以哈，不是我打击你们哈。"

听了大叔的话后，我们一度丧失了上户的勇气，我们思考了很多，对宣传方式以及后续如何开展上户工作都进行了思考。

（三）调整上户的策略

鉴于白天上户的效果不佳，我们组的志愿者把上户时间调到了晚上。11 月 21 日晚上，我们第一次去居民家上户。这次我们分别跟着不同的社区工作人员在 2 个平台同时上户。我们都面临着与上次同样的问题，但是居民的情绪和上次相比更温和。我们遇到了态度积极的几户人家。

有一户只有 1 位老爷爷在家。老爷爷说他觉得社区已经很好了，没有什么地方要修缮的。他对现在的一切感到很满意，我们感觉得到，他是发自内心地觉得现在的社区非常好。另一户只有 1 对老夫妻在家。说到社区改造问题，2 位老人也觉得社区很好，如果卫生再搞好一些，路灯问题再改进一下就更好了。

还有一户人家有 3 口人，阿姨听到我们宣传项目，拿着表便开始写意见。叔叔则在一旁问我们：这个项目究竟靠不靠谱？30 万资金能干些什么？社区工作人员操着一口流利的南昌话和叔叔解释，项目需要大家一起投票决定，如果大家都选择一项，那么社区和街道都会尽力满足大家的要求。在旁边听我们交流的拄拐老爷爷也很积极地提意见:“楼道的路灯还是不太方便,总是坏,坏了迟迟没人修。”叔叔附和道:“希望监控设备快点儿装好,毕竟安全最重要。”我们还遇到了比较积极的租户,在填写完意见之后,他还问我们后面会怎么做,他的意见会不会白提了。

对此,我们丝毫不觉得他是在刁难我们,相反,我们希望社区居民能多提问,多提出质疑,这不正说明他们真正参与到其中了吗?正因为关注“幸福微实事”,他们提了意见,并想知道自己的意见是如何被上报的,会不会被采纳,相关工程会不会很快实施。他们关注这件事的进展,并不断提出自己的想法和疑惑。这不正是积极参加这次活动的表现吗?虽然不是每个人都会积极参与进来,但是我们会不断探寻新的方式,让居民以更积极的态度参加此类活动,为自己发声。

(四)第3次走访

在11月23日上午的走访中,我们发现以下问题:第一,万寿宫社区属于老社区,大多数人家已经搬走了,留下的居民以租户为主。这些人不经常在家,家中无人是常事,严重影响了工作效率。第二,半数以上的居民对自己的生活环境比较满意,也有居民不愿意提出实质性的建议。第三,社区工作人员的引导性太强。居民在不太了解“幸福微实事”项目时,社区工作人员直接跟居民说要写什么(如铺平路面、修路灯、安装摄像头),而不是让居民思考真正需要改进的地方,导致建议重合度较高。

我们总结后发现:与其他小组相比,本小组在宣传和征集意见上做得不够完善。在项目宣传阶段,没有跟居民讲清楚“幸福微实事”到底是做什么的,会给大家带来什么样的便利,导致居民后期提意见时不太积极,提的意见大多是重复的。在意见征集方式上,本小组选择了费时费力的挨家挨户上门询问的方式。这种方法虽然会使征集的意见更具体,但是效率极低,往往1栋楼只有4—5户提意见。本小组应该向其他组学习,在社区人流量较大的位置摆点,让居民直接在现场填表。但是我们也有优点:采取了联名提意见的方式,如果大家都对某个方面不满意可以联名提意见,这个方法有效地减少了后期统计意见的工作量。

(五)后续的走访观察

11月25日和26日,我们连续2天来到社区。居委会的1个姐姐带着我们3人来到社区,由于是下午两三点钟,居民基本不在家,在家的也在午睡,开门的居民很少,所以收集到的意见很少。在收集意见的过程中,我们发现很多租客对社区的整改并没有提出意见,态度也有些冷淡。只有1个大学生在听完我们的说明之后提了意见,填写了调查问卷。在社区走访的过程中,我们直观地看到了社区的基本状况。首先,社区的房子非常老旧,墙面满是灰尘,楼道里的窗户破旧不堪。其次,地面不平整,下雨时还会积水,行走极为不便。再次,清洁问题也很突出,角落里有很多废弃的自行车和电动车,上面布满了灰尘。通过与居委会的姐姐交流,我们还了解到有的房屋漏水严重,下雨时雨水甚至会从楼顶顺着楼梯流到1楼。这一次的入户经历让我们再次感受到万寿宫社区存在诸多生活不便之处,这更加凸显了我们这次活动的意义:通过收集居民的意见,激发居民参与社区事务的积极性,让每一位居民成为社区建设的参与者和推动者,共同将社区打造成一个温馨家园。

经过这两次上户,我们发现了以下问题:第一,社区缺乏物业管理。如维修居民家中的电灯、社区街边的路灯需要走复杂的流程,相关部门响应速度慢,不能及时解决问题。第二,因为这里的居民多为租户,人口流动性大,所以居民对参与社区建设的积极性不太高,为我们反映实际问题增加了障碍。第三,社区的环境很差,基础设施陈旧,基本没有娱乐休闲场所,过道狭窄。没有停车场所,居民的车都停在街道上或者狭小的过道上,还有的直接停在楼道里,让本来就狭小的空间显得更拥挤,给居民带来极大不便和消防隐患。第四,因为这里的楼房年代久远,已有20多年,房屋内部渗漏水现象严重。社区平台的地面上坑坑洼洼,下雨天易积水,严重影响居民出行。

(六)投票

会议室里坐满了社区居民代表,社区工作人员站在门口,王主任先介绍了到会人员,报告了工作进展,向社区居民简单介绍了投票规则和注意事项,随后把参会居民分成3个组。场地不够大,显得有些拥挤和混乱。王主任似乎想尽快结束会议,开场不到10分钟就正式进入讨论阶段。

随着桌长开始详细阐述会议的流程和规则,会议室内的氛围逐渐变得热闹起来。居民代表们显然还沉浸在讨论中,以至于桌长讲一句,下面便有居民代表接一句,大家或是交头接耳,或是小声议论。在此期间,街道的工作人员则保持沉默,静静地观察着这一切,而我们的记录员正全神贯注地记录会议内容,力求不遗漏任何细节。

再来看看其他桌的情况。由于凳子不够,志愿者和技术顾问在一旁站着,桌长与七八位居民代表围坐在茶几周围。桌长细心地为每位居民代表发放了资料袋,大家纷纷拿出资料仔细阅读,不时提问。桌长在忙碌地跑进跑出几回后,终于开始讲解会议流程和规则。然而,居民代表们似乎对某些内容感到困惑,他们七嘴八舌地提问,问题一个接一个:这是不是意味着我们可以选择自己中意的项目?每个人都可以选择3个项目吗?桌长的讲解频繁被打断,他耐心地解释每一个问题后,又重新开始介绍会议的流程和规则。

2楼会议室场面混乱,桌长在开始讨论前便错误地发放了投票纸,将原本每人8张的投票纸误分为每人3张。王主任发现后,指出该投票纸应在讨论后贴在海报上。桌长对流程的误解引发了王主任的不满,王主任用南昌话强调正确流程,现场秩序受到影响。居民代表们表示只需明确说明即可理解。桌长不熟悉规则导致会议效率低下,场面一度混乱。

(七)会议结束

居民代表们投完票后,工作人员就开始统计票数。居民们投完票后被主任叫到办公室,和社区工作人员一起合影。在合影前,主任宣读了投票结果:“增加监控摄像头”33票,“铺平平台路面”23票,“增加路灯和路灯防护罩”23票,“文化墙手绘”22票,“健身器材等文体设施”19票,“庭院绿化、美化”17票。在居民们离开之前,主任又给每人发了一块舒肤佳香皂作为纪念品。至此,大会就结束了。

校友会在和居民们拍完照后也都离开了社区。记录员手中的会议记录交给了社区工作人员,随后,志愿者和社区工作人员一起合影。在离开前,主任也给我们志愿者每人发了一块香皂作为小礼物。在举行筛选大会的过程中,我们社区展现了较高的效率，并且周到地为参会居民准备了水和小礼物，体现了细致入微的工作态度。然而，大会也存在一些不规范之处，如小组讨论未能深入细化，仅停留在筛选建议的层面；参会居民数量未达预期，部分居民未能积极参与讨论，只是被动地接受结果，这一问题在其他社区同样普遍，期待未来能够有所改进。尽管本次筛选大会存在诸多不足，但基本目标已达成，总体而言仍算成功。我们从中汲取了宝贵的经验，认识到了自身的不足，将继续努力提升。同时，我们也祝愿参与式预算改革未来能够取得更显著的成效，为社区发展贡献力量。

（时间：2017 年 11 月 12 日至 2018 年 1 月 14 日。地点：西湖区广润门街道万寿宫社区。调研人员：黄京萍、刘宇航、蓝玉、许冰冰、向晓燕、倪世祺、刘威、李俊南。）

项目开展后真的能执行和落实吗?
——来自烟筒巷社区的观察

(一)会前准备

2017 年 11 月 26 日,我们小组踏入了烟筒巷社区,首次协助社区干部开展"幸福微实事"上户工作。在正式行动前,我们与社区的王主任进行了深入交流,详细了解了社区的基本概况及"幸福微实事"当前的进展。据王主任介绍,烟筒巷社区现有住户 1500 户,其中既有常住居民,也有租户。社区内的楼栋大多年代久远,显得有些老旧。此前,社区已成功举行了"幸福微实事"动员大会,目前正处于紧张而有序的上户阶段。此外,王主任还透露,下周社区将联合志愿者开展摆点宣传活动,进一步扩大项目的影响力。

在掌握了这些基本信息后,我们迅速准备妥当,携带相关物资,于当天下午跟随社区干部开始做上户工作。经过持续 3 个小时的上户,我们顺利走访了 3 个单元的住户,圆满完成了意见征集工作。

次日 14:00,我们一行 4 人来到了会议室门口,门没有开。在门口,我们看到了比我们早到的李凡教授,我们一行人立刻上前,热情地向教授问好。李凡教授和蔼可亲,微笑着回应我们的问候,并询问了烟筒巷社区目前的工作情况。我回答:"目前社区的上户工作已完成 90%,但很多住户不在家,有一些住户根本就碰不到,问卷的回收率比较低。"李教授说:"其他社区的问题也差不多,所以我今天来参加这个会议,这也是意见收集的一种方法。"10 分钟后,社区的王主任打开了会议室的门,我们帮王主任简单地布置了会议室。

此次会议的流程如下:主持人对大会的目的、参会者、流程、规则做简要说明,社区楼栋长发言,社区党员代表发言,李凡教授发言。

具体内容如下:

第 1 个发言的住户是坐在大门口的光头大叔,大叔大声地说:"我说的第一个问题是菜市场下水道的问题，菜市场下水道经常堵塞，路面很脏，有时还有粪便涌出来。这个问题反映了很多次，都没有得到解决。”大叔刚说完，立马就有人补充道：“对，这个问题得解决，那个菜市场一到下雨天就积水，垃圾满地，看着很恶心。”话音刚落，会议室就陷入一片谈论声中。王主任再次强调会议秩序：“大家安静一下，听我说。大家反映的问题，我们会如实记录下来。请大家保持安静，我们让大叔继续说下去，不要打断大叔的发言，每个人都有发言机会。”大叔继续说道：“还有楼栋的路灯没有了，晚上走路不方便。比如 23 栋、29 栋。”另 1 位住户抱怨道：“我之前就因此摔倒过一次，这个问题得解决。”1 名社区干部说：“大家的问题我们都会记录下来。”

第 2 个发言者是 1 位睿智的退休书记，他说：“居民在社区居住无非 3 点要求，舒适、卫生、安全。对此，我提一些意见，一是对社区现有的设施进行更新改造，加强社区文化建设；二是社区的路面要平整、干净；三是楼道铺大理石好看，又可以避免老年人摔跤；四是墙面要美，各楼栋墙面要统一；五是防盗网、监控设施、照明设施不可少；六是公共空间增加活动设施，让社区老年人有休闲的地方。”老书记一说完，居民们连声说：“老书记提得好啊，都是实事。”

第 3 个发言者是一头银发的老奶奶，她是 1 名老党员。她说：“我昨天晚上召集我们楼栋的人开了个会，征集了大家的共同意见。一是社区环境比较乱，有敬老院，车子也多，出行很不方便。茅竹路脏乱差，路不平整，坑坑洼洼，道路不宽而且存在占道经营的情况。二是有时社区居民办丧事，会直接在路上搭棚子，造成道路拥堵，晚上太吵，影响居民休息，希望解决办丧事的场地问题。三是社区电线太乱，还有人在上面晾晒衣物，容易发生火灾。四是建设社区文化场所，社区没有老年人活动中心。”

在 3 个发言者发言结束后，住户 B 提出了物业问题：“社区应该解决楼道垃圾无人打扫、楼道没灯等问题，要请物业好好管理。”其他住户也点头附和，支持住户 B 的建议。

接下来是李凡教授发言：“刚才大家的意见提得非常好，大家关注的还是社区的事，大家也应该对广润门街道提提意见，我建议大家到周边转转，多观察观察。今天的座谈会还是很成功的。各位楼栋长回去以后要积极动员住户参与这件事，提出更多更好的意见。”

（二）存在的问题

卫生问题，楼栋无人及时打扫。社区与街道某些地方未安装路灯，未及时维修。社区未修建停车场，未解决消防通道拥堵问题，未安装消防设施，未粉刷楼栋的墙面。由于宣传不到位，大部分居民没有听说过“幸福微实事”。社区干部带领我们志愿者敲门时，常常遭遇居民不开门的尴尬局面。即便家中有人，部分住户也选择沉默以对。此时，社区干部不得不亮明身份，强调我们是来进行民意调查的，并非来收卫生费，住户才缓缓打开房门。更有甚者，即便知道门外的人是社区干部，也以睡觉为由拒绝开门。这些现象反映出社区与部分住户之间存在信任隔阂，有些住户甚至抵制社区活动。在宣传“幸福微实事”的过程中，我们同样感受到了部分住户的冷漠与敷衍。尽管志愿者和社区干部热情地发放宣传单，详细讲解项目内容，一些住户对此事漠不关心，只是草草签个名字便交了表，并未真正仔细思考。有些社区住户不重视“幸福微实事”。走访时，我们还发现社区住户对“幸福微实事”项目的实施情况存在诸多疑虑。1 位住户提及此前社区曾计划建设健身场所，但最终仅安装了 1 套器材，场地被居民占用，成了停车场。社区未能有效管理，导致居民不满。

（三）工作总结

社区此次楼栋长座谈会开得很成功，在宣传“幸福微实事”的同时，又收集到了居民的意见。在收集社区居民意见的过程中，我们发现某些观点并非孤立存在，而是广泛代表了大多数居民的共同看法和心声。这些意见集中体现了社区居民对特定问题的普遍关注和相似立场，为我们理解社区整体需求和期望提供了重要参考。资金缺口较大，不仅无法满足项目正常推进的需求，更可能引发一系列负面连锁反应。首先，资金不足可能导致项目停滞或质量下降，进而让居民对社区的管理能力和办事效率产生怀疑，失去对社区的信任。其次，若居民多次目睹社区计划的事项因资金问题而无法落实，他们可能会感到失望，从而对社区事务逐渐失去热情。长此以往，这种漠不关心的态度将严重削弱社区的凝聚力和向心力，不利于社区的和谐发展与长远建设。因此，解决资金缺口问题刻不容缓，它是维护居民信任、提升居民参与度的关键所在。

（时间：2017 年 11 月 26 日至 2018 年 1 月 14 日。地点：西湖区广润门街道烟筒巷社区。调研人员：曾建新、蒋薇、陈思翊、俞璐敏、屈陈。）

幸福源于责任感

——来自蓼洲街社区的观察

（一）社区需要“关爷爷”

11月20日，西湖区参与式预算项目第7组来到蓼洲街社区，开展了第一阶段的摆点宣传、上户宣传、填写意见征集表工作。在社区工作人员的带领下，我们来到了龙王庙后街19栋住宅楼。在走过一个个脏、乱、差的单元门后，我们眼前突然一亮，被2单元整洁有序的景象瞬间吸引。这里的墙面被粉刷得干干净净，扶手也被刷上了亮色的油漆，墙壁上还挂着各种精心挑选的装饰品。楼道里几乎没有卫生死角，楼梯下还设置了休息区域。工作人员自豪地告诉我们，这些都是居民“自治”的成果，也是蓼洲街社区的一大亮点。而这些优秀成果的取得，源于充满社会责任感和社区公共精神的老党员——关瑞卿。关瑞卿是19栋2单元的楼栋长，同时也是辽宁大学的本科毕业生。他积极发动和组织居民参与社区建设，共同打造了这一片整洁有序、充满温馨的生活空间。

怀着对这名老党员的钦佩以及好奇，我们带着意见征集表来到了关爷爷的家门口。当我们介绍了“幸福微实事”项目的基本情况后，他连连赞叹道：“这是好事啊，我们就需要这样的平台来解决老百姓的生活问题，让老百姓都参与进来，才能调动大家的积极性啊。”在详细询问填写意见表的细节后，关爷爷给工作人员反映了社区需要整改的问题，并将这些问题转化成建议，逐条写在意见征集表上。关爷爷还热心地协助我们挨家挨户地征求意见并寻求联名。关爷爷希望我们能将项目的实时动态以及后续工作进展及时告知他。关爷爷极具公民责任心的行为无疑是西湖区参与式预算项目的一大亮点，深刻展现了全心全意为人民服务的宗旨。美丽、文明、民主的社区建设需要更多像关爷爷这样的热心群众参与进来。

在蓼洲街社区回访的过程中，关爷爷是我们的重点回访对象。当我们再次与他见面时,关爷爷殷切地询问了前期工作的成效,并积极主动地填写了回访内容。“希望社区能把宣传黑板利用起来,定时更新内容,做得好看一点儿就能吸引大家的注意力,这样也能多了解了解社区工作和国家大事。”社区硬件搞好了,软件也该跟上发展的步伐,硬实力和软实力兼具,社区才能更加美丽和谐。

闲暇之余,关爷爷将家里的废旧物品贡献出来或自掏腰包装饰整个单元,这样的举动让楼栋里的居民生活得更加舒心。关爷爷谦虚地说道:“这是大家的功劳,我们单元的人都很和善,有的还会赞助一些家里不用的材料。”工作人员告诉我们,如果每栋楼都有1个“关爷爷”,社区存在的问题便会越来越少,社区也会越来越好。作为1名老党员,关爷爷积极履行党员的义务,时刻发挥党员的先锋模范作用,团结邻里,热心参与社区事务。关爷爷的行为无疑契合优秀党员的形象,他的所作所为值得我们点赞。

调研小组多次参与蓼洲街社区的志愿活动,通过在人流量大的地方摆点宣传和上门入户两种方式,加大政策宣传力度,听取居民的心声,增加意见的数量,同时了解居民的困难以及生活状况。通过本次走访,我们发现了以下问题:社区内缺少公共用地,停车位、停车场短缺,致使自行车、电动车乱停乱放;电动车停车位规模小,大多由私人与棋牌室共同经营,充电集中,不太规范,易引发火灾;电线、光缆杂乱,废旧电线未及时清理,影响市容市貌;灭火器管理不善,楼道存在消防隐患,每栋楼只配备2个灭火器,且存在商家盗用的现象,需加强管理;居民的公民意识不强,对身边的公共事务关注度不够,缺乏主人翁意识,更多的是由社区工作人员主导局面,建议调研和投票并举;社区环境卫生差,存在乱扔垃圾、乱堆放垃圾的现象,导致社区脏、乱、差;公共基础设施不足,社区已安装路灯,但许多已损坏,后期无人修理,经常有老人摔伤;社区外墙脱落;社区绿化不足,居民生活舒适度较低;社区各个部门的责任分工不够明确,出了问题,居民不知道找谁反映,而且问题处理得不够及时。

在走访过程中,访谈对象以老年人为主。上门走访时,大多数人说没问题,有些人说不写,有些租户说临时居住,懒得反映。摆点宣传时,居民具有跟风心理,大家都写时会积极参与,自己一个人在场时拒绝填写。居民说南昌话,我们走访时还需依赖社区干部来沟通。社区干部带着我们上户走访时目标性不强,会连带处理其所属区域的事务。

(二)工作中存在的问题

1. 效率不高,仅仅一人带队,缺乏分工。

2. 为了让居民了解项目和参与项目,工作人员的引导性太强。

3. 表格填写存在问题,有小组成员反映前后所填表格不一样,填写的内容潦草,填写的信息不完整。后期可能会导致信息汇总困难、表格无效。

4. 意见征集表的内容太繁杂,表中的类目并非都有存在的必要,校友会成员的顾问作用有待加强。

5. 在工作过程中,社区工作人员未戴工作牌,未穿工作服,可能无法获得居民的信任,从而大大降低工作效率。

(时间:2017 年 11 月 20 日至 2017 年 11 月 23 日。地点:南昌市西湖区蓼洲街社区。调研人员:韦立文、张慧琳、谢小兰、王婉婷。)

三、探寻丢失的信任感

政府埋单，居民为什么不点单了？

——来自南浦路社区的观察

（一）工作内容

南浦路社区于2002年9月由原普贤寺、都司前、南浦路、象山等居委会合并而成，地处南昌市西湖区南浦街道，辖区东临象山南路，南到都司前街，西至石头街，北至南浦路，面积5万平方米，总户数1034户，其中常住户728户，总人口3163人（其中中学生156人，小学生66人，儿童50人，60岁以上老人923人）。警区属筷子巷派出所管辖，社区有驻地单位南华医药公司，属于纯居民社区。我们的工作如下：

首先，深入蓼洲街社区，开展上户走访工作。我们严格按照名单上的住户信息，逐一敲门，表明身份，并详细解释活动目的，征集居民的真实意见。在走访过程中，我们遇到了不少挑战。许多住户初期并未开门，部分回应的住户担心个人安全，直到我们提及社区居委会主任的名字后才开门。幸运的是，大多数开门的住户表现出极大的耐心和热情。他们认真聆听我们介绍项目，积极提出自己的意见和建议，为社区的发展贡献智慧。然而，也有一些住户，尤其是租户，表示没有具体建议。其中，1楼的1位租户对居住环境十分满意，同时要求我们帮忙解决家庭纠纷，我们虽无法直接介入，但提供了相关求助渠道的信息。

其次，在社区人流量较大的地方设立宣传点，向过往居民宣传“幸福微实事”活动。我们耐心地解释意见征集表上的问题，指导他们填写意见，确保每一位居民都能充分表达自己的意愿。对于一些暂时无法给出建议的居民，我们采取了灵活的策略：将意见征集表留在家中，并做好记录，以便他们随时填写。

再次，整理问卷，统计走访户数。我们一共走访了300户居民，回收问卷

100 份。整理总结后,我们结束了一天的工作。

在收集意见表的过程中,我和 1 位老婆婆聊了起来。经过交谈,我得知她之前一直住在深圳,最近几年才搬到南浦路社区。我问她,在深圳那边住的社区和这里有什么不同?南浦路社区与之前的社区相比有什么不足?有哪些地方需要改进?老婆婆告诉我她打太极 40 多年了,在深圳那边住的社区有好几个宽敞的广场,居民可以在那打太极。可是南浦路社区没有那么大的广场。老婆婆还说,先不说打太极的场地,光是楼下的道路就被各种车辆围堵得不方便进出。我刚到社区的时候确实发现,社区道路不宽敞,车辆摆放不整齐,留给社区居民活动的空间不多。

中午录入问卷的时候,我发现大家的需求都差不多,大多是与大家的生活息息相关的小事。虽然我们一天都在社区,但是工作效果并不是很好。我想了想,大概有下面几个原因:

1. 经验不足。对这项工作的流程不是很了解,实践时不够熟练,不能灵活地为居民答疑解惑。

2. 时间选择不当。开展工作时已经到了上班时间,大部分居民不在家中,所以我们挨家挨户地去收集意见也未能达到预期的效果。

3. 常住人口少。因为这是一个老社区,居住条件较差,实际的住户比书面记录得要少得多。因此,我们最终收集的意见表也比较少。

4. 租户缺乏主人翁意识。在上户过程中,我们感受到了居民群体的多样性。其中不乏热情支持、积极参与的居民,也有部分居民表现出漠视的态度。有很多租户表示"我只是一个租客,不久就要搬走,社区建设与我无关"。这种心态反映出他们的租户身份,导致他们缺乏对社区的归属感和责任感。

5. 对社区的情况不了解。我们初步掌握了社区住户的基本情况和一些基本信息,但是对于居民切实的需求和期望仍缺乏深入、全面的了解,这在一定程度上影响了我们有效引导居民、提供精准服务的能力,使得我们在社区工作中的深入度和影响力受限。

6. 少数居民不上心,参加活动的积极性不高。

(二)工作趣事

我们在工作时遇到了挺多有趣的事。例如,在收集意见时,我们遇到了 1

个来自东北的家庭。一开门,老婆婆就很热情地招呼我们,1 位阿姨迅速接过我们的宣传单,仔细地阅读。过了一会儿,老爷爷回来了,高声叫道:“说!你们有什么目的?”我们吓了一跳,有点儿紧张,赶快告诉他我们的身份。后来才发现老大爷是个典型的东北大汉,性格直爽、风趣幽默。我们问他对社区建设有没有什么建议,生活有什么不便。一说到这个,大爷立马热情起来,开始各种吐槽:这儿的居民不讲普通话,只讲当地话,搞得他都找不到人聊天。我们准备连忙记下,老婆婆却阻止道:“哎呀,他只是吐槽,不用理他,不给你们添麻烦了。”我们解释说:“这也是意见,任何想法都可以提,我们都会记录下来。”老大爷接着提出了楼道的卫生问题,我们把大爷的意见逐一记录下来。在我们准备离开时,大爷一直拉着我们,想跟我们聊天。我想,我们应该考虑一下外地人和本地人相融合的问题,文化、交流方式的不同使得外地人难以融入本地人的圈子,外地居民的精神需求得不到满足。针对这个问题,社区可以组织各类活动,如广场舞、书法班、象棋比赛等,帮助有需要的人找到聊得来的伙伴,丰富居民的生活,拉近邻里之间的关系。

在社区发展过程中,我们往往首先关注物质建设,而精神文化建设虽被公认至关重要,却常常被置于次要位置,导致其建设力度不足。以南浦路社区为例,它是个历经岁月沉淀的老社区,几代更迭后,邻里关系日渐疏远,加之大量出租房的存在,许多租客仅将社区视为短暂的栖息之所,缺乏归属感。为此,我们应着力加强邻里间的沟通与交流,营造温馨和谐的社区氛围,让每一位住户都能感受到家的温暖,同时让租客也能融入社区,建立起对社区的认同感和归属感,从而实现物质建设与精神文化建设的同步推进,全面提升社区品质。

(三)志愿者的发现

1. 居民对“幸福微实事”活动了解不足。大部分居民虽然听说过这一活动,但对于具体内容、目的和实施方式却知之甚少;仅有少部分居民知晓社区有一笔专项资金用于项目实施。还有一部分居民则完全不了解这个活动。

2. 居民参与热情不高。在访问过程中,我们发现社区里有很多租户,短的住一两个月,长的住一年多。他们的说法是“我只是租住在这里,没什么建议”“社区很好,我很满意”等。有些居民似乎不相信会有“居民点单,政府埋单”这种事。

3. 部分居民表达意见很随意,或有意见但不愿意填写意见征集表。在访问过程中,有居民填写意见征集表时直接说“你让我怎么填我就怎么填”“你们帮我填就好”;有的居民意见很大,不愿意填,在工作人员解释过后,依旧不愿意填写。

4. 居民反映的问题比较集中,各片区反映的问题大多相同。例如:40 号和 50 号居民楼几个单元的居民普遍反映楼底的化粪池经常溢出来,居民已出钱解决;8 号楼的居民则对楼道卫生状况表达了强烈不满,认为清洁工作亟待加强;12 号的楼居民集中反映路灯问题;26 号楼的居民重点关注道路不平整问题。

5. 多数居民只是提出问题,没有提出可行的建议。例如,8 号楼的很多居民反映有人在楼道小便,但在如何解决这个问题上,他们想不出什么办法。居民反映意见主要从社区的角度来考虑,很少从街道层面提意见。

6. 住户对卫生、化粪池问题反映尤为强烈,卫生情况差的主要原因在于日常维护不足,同时也反映出部分居民素质有待提高。1 位热心的老奶奶特别向我们澄清:保洁阿姨工作十分勤勉,卫生问题并不是保洁人员的责任,而是整体维护不到位和居民的不良行为习惯导致的。她还详细描述了化粪池频繁堵塞的情况。随着使用人数的增加,尽管此前已处理过,但堵塞问题依旧存在,亟待彻底解决。此外,不少住户表示公共服务设施不足,特别是缺乏儿童娱乐设施,这一问题引起了家长们的广泛关注。同时,楼道内随意小便的不文明行为也引起了广大住户的强烈不满。

(四)工作总结

1. 相比上次上户调研,志愿者更有经验,很多时候只要居民开门,就能劝说居民填写意见,在没有社区负责人的陪同下也能顺利开展工作。

2. 志愿者工作有一定的成效。有的居民已经认识志愿者了,并且向志愿者表达谢意,这让我们很开心。

3. 志愿者需要更努力地宣传这个活动,动员居民积极参加此次活动。

针对调研过程中遇到的问题,组员们相互商量后调整了策略:

1. 由于工作日没人,我们把下次活动的时间选在了双休日晚上。

2. 面对居民不愿意填写问卷的情况,我们认真解释活动的目的,把宣传单和问卷留在居民家,做好登记,下次再上门收。

3. 面对居民对活动缺乏信心的现状,志愿者和社区负责人一起上门,向居民宣传活动,并邀请他们关注并参与后续的各项活动,提升居民的参与度和活动的影响力。

(时间:2017 年 11 月 19 日至 2017 年 12 月 2 日。地点:西湖区南浦街道南浦路社区。调研人员:贾健航、俞旦、钟紫薇、陈潇越、饶琴、丁蓉。)

信任去哪儿了?
——来自进贤仓社区的观察

(一)实地调查深入化

2017 年 11 月 14 日下午,南昌大学公共管理学院西湖区参与式预算改革项目第 2 组志愿者赴南昌市西湖区进贤仓社区进行调查。在到达该社区后,志愿者立即与居委会的相关工作人员进行了初步的交流,随后便在陈主任的带领下,在该社区走访,以便了解社区的大致情况。

该社区共有 760 户住户,约 2260 人,住户多为中老年人。社区共有 16 栋楼房,占地面积为 7 万平方米。该社区内住房类型多样,主要由居民楼和单位宿舍混合构成,其中多数楼房采用 7 到 8 层的设计结构,仅有 1 栋楼房配备了电梯。此外,社区内还散布着 3—4 栋 2 到 3 层的自建房。在与船山社区接壤的区域,大量房屋建筑正面临拆迁,旨在打造具有历史文化特色的保护街区。

该社区的楼房多为 20 世纪七八十年代的建筑,部分设施陈旧破败,娱乐设施、健身场所较少,社区仅有 1 个至尊网吧充当娱乐场所。此外该社区靠近南昌市第三人民医院,有时会有医师上门义诊。社区没有物业管理,相关设施的维修均由居委会上报处理。社区内绿植偏少,除街道两旁栽种的大树外,基本无绿化,仅有的几株绿植也无人打理。

在调查过程中,我们发现了以下问题:该社区多数楼房外有大量的电线电缆成堆悬挂空中,其中部分电线裸露,存在严重的安全隐患;部分楼栋无独立晾晒衣服的位置,居民只能将衣物挂在电线上,具有一定的危险。该社区无专门的停车场,部分楼栋自行搭建了临时车棚以放置电动车、自行车等非机动车辆,居民只能将汽车停放在道路两边,易造成道路拥堵。而且其中含有大量报废的“僵尸车”无法确认车主,一方面居委会无法联系车主自行处理,另一方面居委会无权处理以防产生经济纠纷。部分楼房存在先建楼后修路的情况,有的楼房

1 层处在道路水平线之下,形成较大的深坑,存在一定的危险。且地下排水管道为七八十年代的小径排水管,淤水淤泥易堵塞管道,从而导致坑内积水。此外,道路两边的绿植常年无人修剪,部分枯枝垂落,易形成安全隐患。部分顽固居民在住处旁违规搭建小木屋,且堆积大量易燃木材,存在非常严重的火灾隐患。大部分居民家中的抽油烟机的排烟扇均为向下排放,排放口均被熏黑,且楼下居民窗上未设置雨棚,对环境和空气造成一定的污染。在交通方面,社区道路多处不平整,居民多为老人,坑坑洼洼的道路会产生一定的危险。此外,商户旁的人行道过窄,还设置了非机动车摆放处,人流量大时易造成拥挤。另外,因楼房年代较久远,部分公共基础设施未跟上,电动车也无固定的充电处,影响居民出行。

通过此次调研,我们对进贤仓社区的相关情况以及存在的问题有了大致的了解,为今后开展工作做好了准备。

(二)上户征集常态化

根据进贤仓居委会工作人员的安排,我们的工作是上户调查,具体负责上门发放和回收意见征集表,以收集居民的宝贵意见。我们将从收集到的提议中筛选出可供采纳且符合要求的提议。社区服务中心的工作人员将亲自带领我们上户走访,通过现场示范,指导我们如何有效地向居民征集意见。随后,我们分成若干小组,分别前往不同的单元进行深入走访,确保意见征集的广泛性和代表性。此外,我们还要协助社区服务中心的工作人员定点发放与收集"幸福微实事"项目意见征集表,确保项目提议能够充分反映民意,为社区发展提供有力支持。2017 年 11 月 18 日上午,第 2 组志愿者走访了进贤仓社区。社区仅有 1 名工作人员进行对接。到达社区后,在社区邓主任的带领下,我们和来自东华理工大学青年志愿者协会的志愿者联合组成调研团队,全组 6 人分为 3 个小组,每组 2 人,深入各户开展调研工作。经过一天的辛勤努力,我们完成了 3 栋 10 个单元的上户调研任务,共回收调研问卷 60 余份。然而,回收数量低于预期,居民的受访率偏低。

12 月 1 日 9:30,我们再次来到进贤仓社区服务中心,社区工作人员正在召开主题为"'幸福微实事'请你提建议"的党员会议。会上,主任对活动做了简单的介绍并安排了相关工作。会议结束不久,主任见我们都到了,便立即着手交代具体的任务安排。在对活动进行简要介绍后,主任有序地分配了各项工作,除了要求我们录入表格外,还委托我们修改一份文稿。在等待了约半个小时后,社区工作人员不再使用电脑并陆续离开,我们才得以正式开始工作。

调查问卷分为绿色社区板块和红色街道板块,我们的任务是将户主的姓名、年龄、住址、联系方式和建议电子化,并根据电子表序列给纸质表编号。在红色表格是否需要编号的问题上,大家产生了分歧。向上级反映、经过讨论后,最终决定编号。此外,在统计内容信息时,我们发现了许多内容完全相同的调查表,还有许多户主不愿意透露基本信息,整张表上只有“建议”一栏有几个字。在建议方面,许多户主都提到要加装电子监控设备、防盗门,修整路面,疏通下水道及化粪池,安装管道煤气的问题。工作进行到一半时,社区工作人员出勤回来,协助我们录入表格。12 点,工作接近尾声,我们一共录入了 79 张表。主任邀请我们一起共进午餐。按要求,意见征集表需达到 400 份以上,而我们收集的表只有 100 多份,加上下午要返校上课,时间紧迫,于是我们决定保存已收集的文件,婉言谢绝了主任的邀请准备返程。主任还说,由于社区工作人员的电脑操作能力有限,加上社区工作烦琐,为了保证工作的连贯性和质量,剩下的工作最好也由我们负责完成,希望我们周末再来一趟,做好收尾工作。经协商,双方很快便敲定了下次志愿服务的时间和工作内容。

通过几次志愿服务,小组收集到一定数量的意见征集表。在社区工作人员的协助下,小组成员对征集到的意见进行系统分类和可行性研究。受访率低是我们本次上户过程中最突出的问题。在上户调研过程中,我们发现群众参与“幸福微实事”活动的热情不高,即使是愿意接受我们访问的居民也不是很热情,仅仅是配合我们工作。通过这次调研,我们发现,相较于老年人,年轻居民的参与度更低。居民表现出的消极态度,说明该社区不同年龄段的居民对社区的归属感各有不同,社区居民对社区工作人员的信任程度也有待提高。

在上户之前,社区工作人员给我们介绍了社区层面和街道层面的意见征集表。关于表格填写要求、注意事项以及截止时间等关键信息,我们积极向工作人员请教,得到了具体的答复:鉴于社区居民年龄结构偏大,为了提高工作效率,上户时我们将主要收集居民们针对社区提出的宝贵建议,同时由志愿者负责代笔填写社区层面的意见征集表;街道层面的意见征集表,则可以参照社区层面的意见征集表,以确保意见征集的全面性和一致性。

在深入收集并细致整理居民意见后,我们归纳出以下亟待解决的问题:

1. 安装管道煤气。社区内居住的大多是老人家,老人家用煤气罐既不安全,也不方便。

2. 安装楼道照明。现在楼道里的照明灯都是居民自己出钱安装的,使用年限较久,照明强度明显不够,这对于视力不太好的老年人来说存在很大的安全隐患。

3. 修建非机动车停车棚。社区内没有专门设立停车棚,所以非机动车乱停乱放的现象非常普遍,导致道路拥堵。

4. 由专人负责绿化管理。社区的绿化率较高,但是存在着无人打理的问题。未修剪的树枝,不仅影响房屋采光,而且在雨雪天气时可能危及居民的生命安全。

(三)社区"幸福"道阻且长

首先,在工作过程中,我们发现,意见征集表存在造假的情况,并未真实反映社区居民真实的生活需求。部分居民对填写个人信息存在抵触心理,害怕个人信息泄露,这也在一定程度上阻碍了志愿者开展工作。在征集居民意见的过程中,我们了解到这次活动中居民的参与程度并不高,社区管理人员工作量较大,宣传力度不够。在收集意见征集表时,我们挨家挨户地敲门,愿意开门的少之又少,发放给居民的意见征集表回收难,导致回收的意见征集表很少。

另外,周末社区工作人员工作量大且人手不足,志愿者与社区工作人员交流的时间较少。在此次调查过程中,因居委会工作人员中途有事离开,志愿者们得以直观地体会到工作人员在场与否对居民配合度的影响。当居委会工作人员在场时,居民们的配合度明显更高,回答问题更积极踊跃;然而,一旦工作人员离开,居民们的参与意愿便急剧下降,甚至出现直接转身离开的情况。这一鲜明对比凸显了工作人员在居民沟通与动员中的关键作用,也提示我们在未来工作中需更加注重人员配置以及与居民互动的方式方法,以提高调查效率与居民满意度。

其次,青年居民对志愿者的信任程度较低。在我们向1位老人家做自我介绍、阐述活动目的并征询其意见时,老人家表现出极大的热情,愿意与我们分享他的想法,我们的代笔志愿者也细致地记录下他的每一条建议。即便在询问联系方式时,老人家依然积极配合。然而,与之形成鲜明对比的是,一旁的年轻居民却显得格外警惕,再三推托,甚至阻挠我们询问。整体而言,调查人群种类较为单一,主要分为本地常住居民和外地租户。其中,外地租户的受访意愿几乎为零,而本地常住居民的受访意愿呈现出两极分化的现象:一部分居民配合度极高,提供的意见富有建设性;另一部分则态度消极,拒绝受访,甚至表现出冷漠的态度。此外,社区在宣传方面力度不足,尽管居委会已张贴海报,但在走访时我们仍发现有不少居民对“幸福微实事”活动一无所知。

再次,通过对数据的收集和整理,我们不难发现,居民提出的待解决的问题较为复杂,且主要集中在基础设施领域。这些建议如此集中,说明这些问题很可能长期存在,并一直未得到有效解决,成为居民日常生活的痛点。在深入访问的过程中,部分居民反映的实际问题,超出了“幸福微实事”所能解决的范畴。例如,整个小区的路面高度普遍低于社区外部,加之社区属于老旧小区,设备老化严重,排水系统亟待完善,每逢暴雨天气,路面积水可高至膝盖,给居民出行带来极大不便。然而,这类问题本身涉及面广,解决难度大,单纯依靠“幸福微实事”难以从根本上解决,需要更高层次、更系统的规划和投入。

从社区宏观管理的角度来看,社区工作人员工作散漫。尤为突出的是,社区组织的讨论会议往往流于形式,仅以拍下的照片作为会议成果,缺乏实质性的、深入的讨论,未能充分发挥会议的决策与沟通作用。此外,在询问表格录入的要求时,所获答案模糊不清,反映出部分社区工作人员缺乏严谨性与责任感。

目前,社区面临的一大挑战是外地租户对社区缺乏归属感,他们往往认为自己只是暂住,无须关心社区的建设和进步。同时,部分本地居民也存在抵触心理,主要原因可归纳为三点:首先,对“幸福微实事”活动缺乏了解;其次,不信任志愿者,对志愿者的身份持怀疑态度;再次,对居委会存在不信任感,认为提意见就是浪费他们的时间。

几年前,进贤仓的大部分居民曾向居委会提出开通管道煤气的建议。由于社区内的大部分居民楼修建年代久远,没有电梯且楼层较高,居住的多为老人,搬运煤气罐上楼极为不便,居民对开通管道煤气的需求十分迫切。然而,居民年年提意见,居委会却始终未能满足这一要求。时至今日,进贤仓社区的居民仍需依靠人工搬运煤气罐上楼。这导致部分居民严重质疑居委会的工作能力和落实能力,进一步加剧了他们对社区工作的抵触情绪。

(四)项目筛选大会

1月13日下午2点,阳光明媚,第2组的志愿者陆陆续续按时到达进贤仓社区居委会。和居委会陈景主任打完招呼后,她告诉我们会议时间在下午2点30分,然后带着我们志愿者和其他几位居委会工作者前往会议地点。步行五六分钟,我们到达了会议地点,位于培鑫幼儿园2楼的会议室,此时已有十几位居民在场等候。陈主任将钥匙交给我,我开了门,大家陆续进入会议室。室内已摆放了3张桌子,每张桌子周围配备了十几把椅子。整个会场是陈主任他们提前精心布置的。为了不影响会议的顺利举行,我们迅速张贴横幅,调试多媒体设备,摆放饮用水。在大家的共同努力下,一切准备工作就绪。

在我们做准备工作的间隙,居民们已陆续到会议室就座。见大部分居民已到齐,陈主任安排社区工作人员给大家发放会议所需的材料。随后,陈主任拿了几张工作牌对我说:"同学,待会儿会议就要开始了,你们要戴上工作牌,这是技术顾问和记录员的工作牌,技术顾问是校友会的,但是咱们社区对接的校友会从来没有来过,所以你们就代替一下他们。待会儿大家讨论的时候,你们要'引导'一下他们,明白不?"我点了点头,回了主任一句:"是呀,我连我们社区的校友会是哪个学校的都不知道。"陈主任告诉我是浙江大学的。接着,我把几张工作牌发给了我们小组的成员,并和其他志愿者分好了组。由于前来参加项目筛选大会的居民有很多,座位不够,我们又临时加了第4桌。眼看会议就要开始了,志愿者冯雪晴问我:"待会儿开会的时候,我们要做什么呢?都不知道他们的文件袋里有什么东西?"我也意识到了这个问题,赶紧找了一份材料拿给志愿者,里面有意见征集表、会议记录表等文件。

下午2点40分,会议正式开始,由陈主任主持。陈主任站在会议室内,环视着在座的每一位参会者,清晰而有力地阐述了本次会议的核心目的。她特别指出,此次会议将采取圆桌讨论的形式,旨在集思广益,确保每位居民的意见都能得到充分表达。随后,她宣布讨论正式开始,现场气氛瞬间热烈起来。大家纷纷踊跃发言,各抒己见。

我负责的是位于前排靠窗户的讨论组,组内共有9位居民,其中1位戴眼镜的老奶奶被推选为桌长,而我则身兼记录员与技术顾问两职。开始时我感到有些尴尬,因为全桌人都看着我,而我却不知所措。为了打破僵局,我鼓起勇气,率先开口:"各位叔叔阿姨,请大家先仔细查阅手中拿到的项目列表,我们的任务是共同讨论并选出3个需要解决的问题,这也是我们此次圆桌会议的主要目标。"随着我的引导,大家逐渐进入状态,讨论氛围也渐渐活跃起来。

我左边的大妈接着我的话说:"不需要讨论了,我要解决的是我们家楼顶漏水的问题。"

"你那个不算公共问题,你看这个表上面有你说的那个问题吗?我刚才问了陈主任,咱们要解决的是关系到大家公共利益的问题,你家楼顶漏水那是你们一家的问题,你这个问题肯定不行的。"桌长说道。

"为什么不行啊,我这个可以算在维修楼梯和屋顶里面……"大妈反驳道,接着又说了一大段南昌话,然后大家就开始用方言交流了。在整个交流过程中,有2位居民始终没有发言,我请他们发言,他们也什么都不说,最后我们组确定了3个问题:解决化粪池堵塞问题,解决楼道门前的下水道问题和路面积水问题,维修楼梯、屋顶、外墙。

这3个问题全票通过,有位大妈还想提问题,但是桌长告诉她只能选3个,她也只好作罢。我作为记录员,将大家选出的3个项目写在会议记录表上面,并请大家在上面签字。

在各组经过热烈讨论并最终确定优先解决的项目后,陈主任随即安排工作人员发放投票纸,并指导大家前往门口的投票表进行投票,要求每位居民将手中的3张票分别投给自己之前确定的项目。然而,由于门口空间相对狭窄,投票过程显得有些混乱,大家拥挤在一起,不仅行动不便,而且难以迅速找到自己投票的项目。投票环节花了很长的时间,还有几位居民没有投完。我上前询问,1位大妈问我:"上面为什么没有我要投的项目,你们是不是弄虚作假,糊弄我们?"我觉得不可能,并理直气壮地告诉大妈:"怎么可能没有,我去给你找!"明明30个项目都在上面,怎么可能没有呢,我找了一圈,发现真的没有她说的那个项目。后来我才发现所有的项目分为 2 类,分别是服务类和工程类,每类有 30 个。我们发现,外面栏杆上贴着的 30 个项目的序号和内容不匹配。我回到大妈旁边,大妈问我找到了没,我无言以对,找到陈主任,问她这是怎么回事,并要求她去跟大妈解释。陈主任跟那个大妈说,会把她的那个问题算在别的里面。

后来,陈主任到我跟前说,“我们也是第一次搞这个,也不太熟悉……”说完,陈主任要我们去统计各个项目的得票情况。由于项目的序号和内容对不上号,我们只统计了得票最高的前 3 个项目,分别是:服务类的第 26 项“艺术团需要增设服装、道具等”,得 22 票;工程类的第 1 项“清理化粪池堵塞问题”,得 20 票;服务类的第 3 项“粉刷楼道墙面”,得 19 票。

原本工程类和服务类项目共有 60 个,然而最终仅 30 个项目被贴在了外面的栏杆上供投票。因此,所公布的投票结果仅基于这 30 个项目的得票情况。当陈主任委托我向众人宣布投票结果时,我感到很难为情,深知由于程序的不规范,最终的结果可能并不完全准确。尽管如此,我还是按照要求完成了汇报,并特别说明这是依据贴在外面栏杆上的项目投票统计得出的结果。

会议进行到最后,主任做了总结性发言,强调此类活动将作为年度常规项目持续开展。随后,大家在楼下合影留念,为此次会议画上了句号。

我们和社区工作人员回到了会议室,帮他们打扫会议室。其间,陈主任还要求我们帮他们写 1 篇新闻稿。至此,本次筛选大会正式落幕。作为志愿者,我从中收获颇丰,不仅了解了社区工作的诸多细节,也敏锐地察觉到了活动中存在的种种问题。期待明年,社区与我们都能吸取此次经验教训,更加高效、规范地开展活动。

(时间:2017 年 11 月 14 日至 2018 年 1 月 13 日。地点:西湖区南浦街道进贤仓社区。调研人员:第 2 组志愿者。)

真心换真信

——来自二郎庙社区的观察

(一)了解二郎庙

二郎庙社区,位于船山路南段,东临石头街,西接船山路,南至永叔路,北达南浦路,辖区呈长条形,长约683米,宽达60米,占地约4.1万平方米,整体形状宛如一艘船只。该社区于2002年10月由原宫保第、蒲扇行、二郎庙、庆云巷、石头街合并而成,现辖区内包括南昌市饲料公司、江西绿叶集团等驻区单位,以及环绕四周的140多家店面。社区内共有楼房28栋,常住户1179户,总人口4480人。其中,低保户91户,残疾人84名。作为一个安全文明小区,二郎庙社区是典型的老城区纯居民社区。社区党支部拥有党员278人,包括直管党员135人,协管党员113人,参管党员30人,划分为8个楼栋党小组,并聘请了28名楼栋长,协助社区管理楼栋事务。

初入二郎庙社区,我们深知首要任务是全面掌握社区的基本情况,细致观察社区内部及周边环境。此次,我们第4组志愿者肩负着上户发放和收集意见征集表的重任。这不仅要求我们对项目有深入的了解,还意味着我们在上户过程中要随时准备解答居民的疑问。为此,我们分2批于2017年11月18日下午2点和19日上午8点,前往二郎庙社区。冬日的南昌寒风凛冽,我们4人依然准时在教学楼集合,一同出发。经过1个小时的车程和步行,我们终于在上午9点抵达了二郎庙社区便民服务中心。

在工作人员的热情接待下,我们迅速融入了社区氛围。通过愉快的交流,我们快速掌握了社区的相关信息。在王姐的带领下,社区负责人周丽珍、服务中心的陈副主任与我们一同开始了第1次社区调查和上户工作。

(二)亲力亲为造氛围

在了解了社区的大致情况后,我们在3名社区负责人的带领下,来到了二郎庙社区的居民区。居民区的街口人流量很大，甚至很难找到空间摆点宣传。此次摆点的目的是向街头的社区居民征集他们对“幸福微实事”活动的意见及建议。

我们4名志愿者组成了2个小组，在1组中，1名社区负责人与2名志愿者在街头摆点宣传和征求意见，通过积极与过路居民互动，征求他们的宝贵意见，并认真记录下每一条具有建设性的建议。2组则由2名社区负责人各自带领1名志愿者，分别深入不同的楼栋，上户征集意见。

社区负责人陈主任与我们的志愿者郭翠霞、谢津3人组成街头宣传小组，负责在社区显眼位置摆点宣传并征求居民的意见。早在正式摆点之前，他们的准备工作就吸引了不少居民的注意。不久，今天的第1位“顾客”——1位热情的阿姨，在我们刚刚摆放好宣传物资后便急切地赶来询问。志愿者们耐心而细致地向她介绍了“幸福微实事”项目的具体内容，并阐明此次活动旨在改善社区环境，提升居民生活质量。尽管阿姨操着浓重的南昌口音，给沟通带来了一定的障碍，但志愿者们的真诚与热情显然打动了她。从她脸上洋溢的微笑中，我们读出了信任与支持。幸运的是，陈主任在场协助翻译，大大降低了沟通的难度。随着宣传横幅的展开，更多路过的居民被吸引过来。尽管街头的寒风凛冽刺骨，志愿者们却毫不在意，我们不顾冻僵的手脚和凌乱的头发，始终保持着积极热情的态度，尽职尽责地为每一位居民解答关于“幸福微实事”的疑问，认真倾听并记录居民提出的社区治理建议。

志愿者秦晨、肖兴钰与社区负责人王姐、周姐组成了2个上户小组，挨家挨户地上门征集意见。然而，恰逢周末加之天气恶劣，大部分居民家门窗紧闭。走访了几栋楼后，他们收集到的意见仍寥寥无几，建设性的建议更是难得一见。尽管如此，他们并未因此气馁。每当遇到那些健谈的老爷爷、老奶奶，他们愿意敞开心扉，信任我们，与我们分享对社区的美好愿景和规划，积极为社区发展出谋划策时，我们的内心便充满了成就感和动力。在街道走访的过程中，我们通过细致的观察，也发现了社区存在的一些亟待解决的问题：社区宣传设施未得到充分利用，导致西湖区项目信息宣传不到位，不少居民对此一无所知；电线脱落老化严重，却被居民用来晾晒衣物，暴露出居民安全意识薄弱；社区缺乏适当的休闲场所，现有休闲场所不仅脏乱，还被非法占据；停车位不足，导致居民随意停车，占据街道，严重妨碍了居民正常出行；共享单车被私藏的现象也时有发生，反映出居民公共意识不强；社区消防安全隐患突出，消防设施不够健全。

（三）总结与思考

活动结束后，我们把居民填写的意见征集表带回了服务中心，对居民反映的社区问题进行了细致的整理，发现以下问题引发了居民强烈的反响：路灯损坏严重，居民迫切希望增加路灯，以保障居民夜间出行的安全；街区及道路旁的卫生状况令人担忧，居民建议调整垃圾桶的位置以改善环境；电动车被窃事件频发，居民呼吁增设电子监控设备以提升安全感；社区绿化不足，居民渴望修建花园，加强绿化建设；公共厕所关门过早，加之部分居民素质不高，随地小便现象时有发生，严重影响社区的风貌；一些长期存在的问题，居民多次向社区反映，却未得到有效回应；在法律维权方面，居民普遍缺乏了解，面临问题时不知如何求助，迫切希望设立专业的矛盾纠纷处理单位以提供帮助。

（时间：2017年11月19日9：00—12：00。地点：西湖区南浦街道二郎庙社区。调研人员：秦晨、郭翠霞、肖兴钰、谢津。）

敲开居民的门，倾听百姓的心声

——来自直冲巷社区的观察

（一）走进直冲巷社区

11 月 13 日，我们小组首次前往直冲巷社区。早上 8 点，我们满怀期待地出发，依照地图的指引，乘坐 170 路公交车向社区进发。途中，大家心情激动，纷纷想象着社区的模样和即将开展的对接工作。经过 40 多分钟的车程，我们抵达了中山路。下车后，我们第一时间与社区负责人龚姐取得了联系，她迅速分享了社区位置，我们很快便顺利到达社区并见到了龚姐。

社区的赵姐热情地接待了我们，并带领我们参观了社区，详细介绍了社区的基本情况。这里属于老城区，大部分楼栋为 8 层高，没有电梯。每栋楼的 1 楼都是各式店铺，商品琳琅满目，肉类、蔬菜、服饰、副食、书本等应有尽有。附近有 1 所小学，社区里人来人往，热闹非凡。邻里之间距离很近，常常是一家烹饪美食，整条巷子都能闻到香气。环卫工人穿梭于巷子间，保持着社区的清洁卫生。赵姐还透露，这里的居民喜爱打麻将，社区里设有 10 多个麻将馆。

在参观过程中，我们也注意到了一些问题，如居民休闲广场面积较小、车辆随意停放、停车位不足等。返回时，我们遇到了社区居委会的马主任，她是 1 位年轻且干练的女性，这让我们颇感惊讶。简单说明来意并自我介绍后，我们开始了访谈。马主任热情洋溢，与我们交流甚欢，整个访谈过程十分顺利。通过这次访谈，我们对社区的整体情况有了初步的了解。

社区内共有 14 栋住宅楼，原本有 15 栋，后来拆了 1 栋。整个社区由 57 个单元组成，共有 1043 户，总户籍人口为 3600 人，其中约 3000 人为常住人口。据马主任介绍，社区居民以中老年人为主，60 岁以上的老年人约有 370 人，约占总人口的 10%。此外，社区里的大部分楼栋为 1995 年建造的还建房。

社区居民的收入水平普遍处于中下层次，居民多是企业或事业单位的退休员工,其中不乏银行的退休干部。社区里的大部分居民依靠打零工、从事保安工作或经营副食生意等方式谋生,每月收入为2000元左右。社区负责人坦言,这里属于典型的平民区,中年居民的文化程度大多为初中或高中水平。此外,部分居民素质不高,有时会从楼上直接抛掷垃圾,导致垃圾砸在他人车辆或店铺上。

社区内有2个配备健身器材的广场,原本为居民提供了休闲锻炼的场所。然而,据马主任透露,广场上原本摆放的石凳遭到部分居民的破坏,原因是他们认为石凳挡住了店铺做生意或妨碍了车辆停放。这一行为不仅损害了公共设施,也影响了其他居民的使用权益。此外,社区内缺乏专门的停车场,而社区负责人表示,该社区近70%的家庭拥有汽车,这导致车辆随意停放、堵塞道路的现象屡见不鲜。更严重的是,这些乱停乱放的车辆在危险发生时可能会堵塞消防通道,给社区安全带来极大的隐患。

社区平时积极举办各类活动,同时也吸引了多个社会组织机构前来参与。例如:工会和民政部门定期捐助和救助空巢老人,为他们送去关怀与温暖;公益爱心团队来社区为残疾人提供帮扶治疗等志愿服务。此外,高校志愿者也纷纷走进社区,开展环保宣传、健康讲座等活动。一年一度的老年人运动会更是受到了社区老人的热烈欢迎。赵姐自豪地告诉我们,此次运动会,社区老人参与度极高,共有60余名老人积极报名参加,展现了社区老年人的活力与风采。然而,社区负责人也坦言,街道设有社区养老中心,但该社区因场地有限尚未设立。

在谈到“幸福微实事”项目时,马主任分享了此前楼栋长会议的成果,楼栋长们积极提出了关于社区建设的多项建议,主要集中在以下7个方面:建设公共厕所、设立菜场、建设垃圾场、增设停车场、确保楼栋照明灯全覆盖、疏通下水道以及安装摄像头。这些建议反映出居民对改善社区环境的迫切需求。然而,马主任也表达了自己的担忧,指出居民在公共设施方面的建议相对较少,更多关注个人利益。赵姐还提到,之前出现过居民将灭火器和消防水带上的金属部件剪掉卖钱的情况。

马主任还提到,街道已下发问卷,要求社区收集信息。她认为社区居民多以自身利益为重,且受限于社区面积和空闲场地不足,建设广场或停车场等难度较大。她对我们和校友会寄予厚望,希望我们能提出切实可行的建议,推动活动顺利开展。

我们虽然热情高涨,提出了自己的想法,但缺乏社区工作经验,部分建议显得过于理想化。例如,在社区摆点让居民自行填写意见这个提议,立即遭到社区负责人反驳;社区负责人指出,若无礼品赠送,居民参与度低,缺乏实际操作性。

校友会未参与此次调研。调研结束后,我们向社区负责人表达了感谢,并约定周四再来社区协助他们填写问卷。最后,我们对于打扰社区工作也表达了歉意,因为在我们交流期间,一直有居民来咨询,让我们有些愧疚,我们应该尽量做到不耽误居民办事。

(二)上户调研提问题

11 月 16 日,原计划 4 名志愿者一同前往社区开展活动,但其中 2 名志愿者临时有事,最终只有 2 名志愿者前往社区。抵达社区后,我们见到了热情的赵姐,她独自在办公室等候。赵姐亲切地接待了我们,并将问卷交给我们。随后,赵姐亲自带领我们前往 2 栋、3 栋和 4 栋,向各楼栋长详细说明了情况。在楼栋长的积极配合与协助下,我们顺利开展了问卷调查工作。得益于楼栋长的帮助,问卷填写过程十分顺利。

在这个过程中,我们发现了一些问题:

第一,在社区走访时,我们观察到大部分老年人乐意接受访谈,分享他们的看法和建议。与之形成鲜明对比的是,青年和中年人往往以忙碌为由拒绝参与,表现出较强的警惕性,不愿与我们深入交流。这一现象引发了我们的思考:是否意味着老年人比中年人更愿意参与社区生活,更关心公共事务?年轻人的公民意识如此薄弱吗?面对表达诉求的机会,他们为何选择沉默?背后的原因究竟是什么,我们暂时无法得知。但这一现象无疑提醒我们,需要进一步关注和探讨年轻人的社会参与度问题,激发他们的公民意识和参与热情,使他们为社区的发展和社区问题的解决贡献力量。

第二,居民们提出的建议主要集中在几个关键领域:修建停车场,安装楼道照明灯,增设电子监控,建设广场。此外,也有居民更关注细节,如希望楼梯加装扶手和护栏，修建坡道以方便停车。针对楼栋平台的问题，有居民指出平台表面凹凸不平，给老年人和残疾人带来不便，尤其在雨天容易积水。我们采访时就遇到了在此摔倒的居民。在公共服务方面，居民们提出了多样化的需求：有人希望开展针对老年人的教育培训活动，以提升他们的思想素质和文化水平；还有人建议组织互助关爱活动，增进邻里间的情感联系，共同营造温馨和谐的社区氛围。

第三，在访谈过程中，我们遭遇了一段小插曲。1 位阿姨提及其他社区为残疾人发放轮椅等辅助设备，而本社区至今未落实。恰在此时，赵姐路过并听到了这番话，她立即向阿姨解释，表示社区早已向上级反映过此事，但一直未审批。赵姐的话语中透露出些许无奈，她反问阿姨为什么总是提这件事，同时强调社区已多次反映她的问题。事情未能解决，她也很无奈。两人声音渐高，气氛紧张，好像吵架一样。我们见状不妙，迅速岔开话题，引导阿姨谈论其他事，并适时结束了访谈。这一幕让我们深刻感受到，在没有社区负责人在场的情况下，居民们往往更愿意畅所欲言，表达真实的想法。而一旦社区负责人在场，居民们则显得谨慎许多，不愿过多提出建议。基于此，我们决定后续在上户调研时，尽量不要社区负责人陪同，以营造更开放、更真诚的交流环境，确保更全面、更深入地了解居民的真实需求和意见。

第四，在今日的社区访谈调研中，我们遇到了意料之外的挑战——部分居民不会说普通话，而且说话语速极快。这对于我们这些非本地人来说，无疑是一道难以逾越的语言障碍，使得调研进展一度陷入困境。幸运的是，楼栋长充当了我们的临时翻译。在他的帮助下，我们的访谈才得以顺利进行。

通过与居民的面对面交流，我们对社区的基本情况、居民的需求和期望有了更深入的了解。这些宝贵的第一手资料，为我们将来的工作提供了重要的参考和借鉴。尽管遇到了语言障碍，但整体而言，上午的调研进展顺利。我们与社区居民的深入接触，不仅增进了我们对社区的了解，也为接下来的工作的开展积累了宝贵的经验。

（三）收集意见不简单

11 月 23 日，我们小组第 3 次前往社区调研。一到社区，我们就受到了负责人的热情接待。我们在社区中心等了一会儿,另一位负责人几分钟之后也迅速赶到了这里。随后,2名负责人亲自带领我们前往尚未调查过的楼栋,开始上户调研工作。在完成初步的走访后,2名负责人根据调研的总体规划和进度,给我们分配了具体的任务:负责完成剩余7栋楼1至4单元的上户调研。

经过调研,我们收集到了居民的如下建议:

第一,在小广场增加座椅和健身设施。在社区的小广场上调查时,我们询问了1位50多岁的阿姨和84岁的老奶奶。在问及对社区建设有什么建议时,阿姨建议道,社区应该增加健身器材,如锻炼腰的、锻炼腿的,还要多添加一些座椅。小广场上经常有很多老年人聚在一起休息娱乐,增加座椅和健身设施无疑有利于老年人的生活。

第二,平整路面,增加轮椅专用滑坡。在询问1位大叔时,他告诉我们,路面不够平整,有时候会导致老人家摔倒,希望把社区的路面平整一下。另外,在前往小广场的路上只有一段较高的台阶,而没有滑坡,导致坐轮椅的居民上下楼梯很困难,所以建议在台阶旁边设置一段滑坡,供轮椅通过。

第三,增加监控设备、路灯等基础公共设施。在上户调查中,大部分居民提到建议增加电子监控、路灯等公共设施。居民们的防备意识挺强的,大家都希望自己生活的社区是一个安全的社区。

第四,加大清洁力度,改善社区卫生状况。有些居民建议加大对社区路面、楼道等的清洁力度。有1位叔叔和我说,有一些居民会从楼上扔垃圾到地面上。这不仅污染了路面,而且可能会误伤楼下的居民。社区是居民的家,每一位居民都应该爱护它、保护它,用心经营好它。

(四)录入问卷显问题

11月30日早上,天气阴沉,我们小组在9栋楼下的建设银行门口准时集合,一同前往直冲巷社区。抵达社区后,我们迅速与赵姐对接了工作。赵姐简要回顾了上次志愿活动的情况,特别提到了周一上户走访时遇到的困难。由于正值工作时间,多数居民不在家,加之对陌生志愿者的警惕性较高,导致拒访率上升,实际走访效率不尽如人意。面对这一现状,赵姐果断调整了策略,决定将上户走访和收集居民的工作安排在晚上。同时,她询问我们是否能够协助录入问卷。录入问卷看似简单,易于上手,实则需要极大的耐心和认真负责的态度,因为长时间重复同一工作内容容易产生厌烦情绪。

本次志愿活动中,我们的主要工作是录入问卷。这不仅仅是一项简单的数据处理工作,问卷上的建议是居民内心的诉求,也是我们了解社区、改善社区的重要窗口。通过积极回应这些建议,我们可以更好地提高居民生活的幸福指数,共同建设和谐社区,这也是我们志愿活动的最终目标。

在问卷录入过程中,我们深入挖掘了数据背后的意义,发现以下几个方面需要注意和深思:

1. 居民需求的真实反映。问卷中频繁出现的“安装楼道灯”“增设监控设备”“修整路面”和“改善小区环境卫生”等建议,真实地反映了居民的迫切需求。这些高频问题不仅揭示了社区急需改善的方面,也为“幸福微实事”项目提供了明确的着力点和落脚点。我们相信,随着初步的参与式预算改革取得成效,将为后续改革的深入实施奠定基础。

2. 年龄结构失衡。受访者中,40—60 岁的中老年人占比较高,而 20—30 岁的年轻人参与度明显较低。这一现象可能与年轻人白天外出工作、老年人白天在家有关。如何吸引年轻人参与社区建设,提高他们的参与度,成为我们活动推进过程中需要重点解决的问题。

3. 诉求的复杂性。不少居民提出了“帮助社区困难群体”的建议,这体现了居民对社区服务和互助的期待。然而,如何界定困难群体、通过何种方式进行有效帮扶以及如何衡量帮扶效果,都是我们需要进一步明确和探讨的问题。满足这些诉求的难度较大,需要我们深入思考和精心规划。

夜已深,时钟指向了 11 点,大多数人都已进入梦乡,而 1 名社区工作人员的朋友圈更新,却触动了许多人的心弦:“如果人生有得选择,谁又愿意风吹雨打,四处奔波,熬夜工作……可惜,人生没得选择……”这简短的几行字,不仅道出了基层工作的艰辛,更透露出一种深深的无奈。回想起第一次参加直冲巷社区“幸福微实事”志愿活动时,赵姐曾感慨地说,居民参与的积极性普遍较低,除非涉及切身利益,否则很少有人愿意真正投身于社区建设。当时,我们只是听听而已,并未深刻体会其中的含义。深入参加了几次志愿活动后,我们逐渐感受到了这份工作的不易。

居民整体素质的提升是一个漫长的过程，需要时间的积淀与不懈的努力；而幸福社区的建设，亦非朝夕之功，它需要我们持之以恒地付出与耕耘。虽然居民的建议和社区信息的采集工作暂告一段落，但"幸福微实事"活动的推进，以及建设居民心中向往的"花园社区""和谐社区"的目标，依然任重道远。我们深知，参与式预算改革是一条充满挑战的道路，但也是通往社区和谐、居民幸福的必经之路。在这条路上，我们从未停歇，始终保持着前进的步伐。

每一次的调研、每一次的沟通、每一次的尝试，都是我们向着目标迈出的坚实脚步。我们相信，只要我们与居民携手同行，用心倾听、真诚交流、共同努力，就一定能够实现社区的和谐与美好。

（五）走访观察的收尾阶段

12 月 7 日早晨，3 名志愿者会合后便一起前往直冲巷社区。经过大概 1 个小时的车程，我们一行 3 人于早上 9 点 10 分到达直冲巷社区。到达社区后，我们立即与社区工作人员对接相关工作。我们此次的工作内容是帮助社区工作人员录入问卷，对部分商户做上户调研工作。这也是收集问卷阶段最后的收尾工作了。在明确工作内容后，我们快速分好工：黄燕和邱琳负责走访商户，收集问卷，朱俊庆负责录入问卷。经过 2 个多小时的努力，本组于 11:40 左右完成了问卷录入和商户走访工作。

在录入问卷的过程中，我们发现了几个值得关注的问题：

1. 年龄结构失衡。多数问卷来自 50 岁以上的老年群体，中青年受访率低。我们意识到，尽管收集到的意见代表了社区大部分人的声音，但年龄结构的失衡可能导致问题反映的狭隘性。

2. 问卷表述冗余。部分问卷问题陈述烦琐，录入时需自行简化，影响了工作效率。这反映出部分居民对自身诉求表达不明确，也提醒我们在未来工作中需提升沟通技巧和表达能力。

3. 问卷内容雷同。连续多份问卷反映的问题相似，怀疑存在居民间相互引导、人云亦云的现象。这提示我们在调研过程中需更加注重独立思考和信息甄别。

4. 商户归属感不足。我们在走访中发现，多数商铺经营者非本社区居民，对社区发展关注度低,缺乏归属感。这也是他们拒访的重要原因之一。在理发店调研时,1 位阿姨前期配合提出意见,但在询问个人信息时突然变脸拒绝,反映出部分居民对我们仍存警惕之心,影响工作的继续开展。

这次调研完成后,我们一致认为要持续保持工作积极性,掌握更好的工作技巧。在志愿工作开展的初期,我们每个人都积极性很高,主动参与,发现问题。随着活动的深入以及课业的增加,部分志愿者有懈怠之势。但在尹老师及组长的鼓励下,我们重拾斗志,以最饱满的精神状态完成"幸福微实事"的志愿工作。为提高受访率,准确表达居民的需求,快速录入问卷,我们将继续提升语言表达能力、文字书写能力和办公软件使用能力,确保工作高效进行。

(六)最终的投票结果

马主任和工作人员简单地寒暄了几句后,便嘱咐我们帮忙布置会场。会议地点选在社区服务中心的办公区域,空间并不宽敞,但布局合理。会场摆放了 1 张大长桌和 2 张小圆桌,大长桌可容纳 20 人,小圆桌可坐 10 人左右。社区负责人已准备好了会议所需要的资料,每张桌子都有 1 个文件袋,文件袋里装有活动说明、预备项目表等。这种做法不仅方便居民携带和查阅,还有效避免了资料丢失或混淆的问题,值得推广。会议筹备过程中也存在不足。首先,会议场地较小,限制了参与人数,可能无法充分满足所有居民的参与需求。其次,海报的粘贴工作安排在会议开始时进行,且现场工作人员不足,导致原本应主持圆桌会议的人员不得不抽身帮忙,影响了会议的顺利进行。

在会议的间隙,马主任迅速而明确地给我们志愿者分配了任务:每人负责 1 张圆桌的会议记录,确保各项讨论和决策得到准确记录。这种高效的工作方式让我们感受到了社区工作的紧迫性和重要性。

下午 2 点,西湖区直冲巷项目筛选大会在直冲巷广润门街道举行。社区居民分为 3 个小组,每组约 10 人,坐在圆桌边展开了热烈而深入的讨论。各小组先筛选出 3 个项目,随后集中投票,最终选出得票最多的项目。

会场上总共有 3 张圆桌,分别编号为"1 号桌""2 号桌""3 号桌",我们小组 3 人每人负责 1 张圆桌的会议记录。具体的会议流程如下:

1. 主持人宣布"幸福微实事"项目筛选大会开始。

2. 参与项目筛选大会的居民分为 3 个小组,每个小组由桌长负责组织讨论和筛选项目,具体步骤如下:

①桌长宣读会议注意事项和讨论的规则、投票的注意事项;

②每位居民依次发表意见和看法;

③居民将建议写于便利贴上,再将便利贴贴在相应的项目标幅上;

④每位居民限选 3 项,然后对所有居民的意见进行汇总;

⑤汇总好以后,居民再次讨论;(筛选出的 3 个项目为庭院绿化、美化,增加路灯、楼道灯,修建社区文化长廊)

3. 对 3 个小组筛选的项目进行汇总并进行投票;

4. 投票,将笑脸(票)贴在对应的标幅上;(每个小组依次投票,每人 8 票,不能把所有票都投给同一个项目)

5. 选出投票最多的项目;

6. 筛选大会结束,居民有序散场。

(七)总结与反思

西湖区参与式预算改革试点,无疑是一次极具意义的探索,旨在促进预算的精准、民主和科学,提升居民的民主意识和公民意识,进而推动中国民主政治进程。然而,从试点实践来看,我们深感个人力量的有限。

参与式预算改革需要公职人员的充分理解和认可,需要居民的认识与参与,需要外界力量的支持和帮助。然而,此次大会暴露出的问题是多方力量的不足。原因复杂多样:

一是社区工作人员对居民的素质存在偏见;因缺乏激励制度,社区工作人员工作动力不足;宣传动员力度不够,疲于应付。

二是部分居民对项目持怀疑态度,参与意愿不强,公民意识淡薄,关注个人利益,对公共事务不关心。

三是社会力量的认识不到位,对项目的认可度不高;沟通不足,各自为政;理论与实践结合不充分。

此外,居民参与社区管理的积极性有待提高,提高公民参与的积极性成为参与式预算改革的难题。

面对这些挑战，我们提出了以下建议：

1. 完善参与载体：通过完善各种参与载体，提高居民的参与度，推动社区向“居民自治参与型社区”的方向发展，实现社区居民的自我管理、自我教育、自我服务、自我监督。

2. 培育社区意识：增强居民和居民委员会的认同感和归属感，着重培育社区居民的参与意识和自治意识，激发社区发展的内在动力。

3. 加强协调沟通：建立多方力量之间的协调机构，促进每一阶段的交流和沟通，避免聚力不足、人心涣散。

4. 舆论宣传与绩效考核：充分做好舆论宣传，调动居民参与的积极性；将绩效考核与项目挂钩，提高公职人员对开展项目的重视程度。

5. 资金支持：设立专项费用，确保项目开展过程中的公务费、宣传费等得到保障，做到专款专用。

参与式预算改革推动中国民主政治发展，虽困难重重，但极具价值。我们不应知难而退、敷衍了事，而应多方寻求解决方案，借助网络与技术工具，积极推行。这非一人之力可行，需社会各界共同为之努力！

（时间：2017 年 11 月 13 日至 2018 年 1 月 13 日。地点：西湖区广润门街道直冲巷社区。调研人员：邱琳、王松阳、彭钰涵、黄燕、朱俊庆、潘丽娟。）

四、对参与式预算的体悟

参与式预算改革，居民参与了多少？
——来自下湾街社区的观察

（一）下湾街社区初印象

11 月 12 日上午，本小组全体成员首次到下湾街社区调研，与社区居委会的工作人员交流，并在工作人员的带领下在社区实地走访，初步了解了社区的基本情况。

第一次去社区，我们的印象是那里的房子看上去很旧很密集，街道又窄又乱。不仅车辆的停放杂乱无章，街道的卫生状况也不是很好。菜市场离得近，商品的种类比较齐全，街道旁边有很多早餐店。我们一行 6 人来到了社区居委会，想先从这里了解下湾街社区的基本情况，毕竟居委会与这里的居民每天打交道。来到社区服务中心，我们第一眼看到的就是门口在漏水，社区工作人员说上面的水管坏了还未修好。在这里，我们还见到了几个来社区反映问题的居民。一开始我们都以为居委会办公楼的内部空间比较小，进去后才发现原来这里的设施还算齐全，不仅有日常办公的区域，还设有供居民阅读的小型阅览室以及休闲娱乐的排练室等。据居委会的工作人员介绍，即使在工作日，这里也很热闹。在社区服务中心稍做停留后，社区工作人员就带着我们进社区了解情况。

一路上，居委会的工作人员都在给我们介绍他们所了解的情况。我们志愿者也提出了自己的疑问："您觉得这里的居民拒访率怎么样？""总的来说还是比较高的，有的时候我们居委会新来的员工都需要老员工带着去，不然有的居民连门都不会给你开。"听到这样的回答，大家也预料到了之后的意见征集工作会存在一定的困难。途中，我们发现很多居民楼门口都放置了座椅，这都是居民自己放置的,为的是平常休息时有个歇脚的地方。

在楼道里行走的时候,我们发现楼道里不仅没有感应灯,也没有应急灯,楼梯上生锈的栏杆摇摇晃晃。另外,楼道内堆放了很多杂物,一不小心就有掉落的风险。我们在楼道里遇见了一些居民,他们都希望楼道里有灯,希望楼下的空地上有石板凳,好让他们买菜散步的时候有歇脚的地方。

随后,我们小组跟着社区工作人员去了一片空地。一到那里,我们就感觉凉飕飕的,特别阴冷。因为高楼的遮挡,这里常年没有阳光,很多居民直接把衣服挂在电线上让风吹干。四周还有几个锈迹斑斑的健身器材,健身器材上锁着一些自行车。后来,社区工作人员带我们去了一个比较有特色的地方,那是一个名叫“金葵花”的组织,专门为老年人服务,由一些社会人士建立。“金葵花”提供电疗服务和麻将,成了老年人的休闲场所。这里的会员费是 100 块钱 1 年,面向所有满 60 岁的老人开放,但是有些器材仅供会员使用。回社区的路上,我们路过一座电动车充电站,那里放满了电动车,电线到处都是,看起来存在很大的安全隐患。

经过一个半小时的走访调查,小组成员初步了解了本社区的基本情况。下湾街社区的管辖范围包括第 3 社区中的第 1 栋至第 13 栋,总共 75 个单元,目前有 1158 户,共计 3000 余人。常住人口中,老年人或租户占多数,常住人口不到一半,人口流动性较大。有些房屋常年空置,多年无人居住。由于地处老城区,基础设施较为陈旧,公共区域较小。社区内设有老年人日间照料中心,为 60 岁以上的老年人提供日常生活娱乐场所。然而,社区也存在不少问题:1. 居民对工作人员的信任度较低,拒访率偏高;2. 公共区域小,缺乏晾衣区域和统一停车区域,车辆停放管理难度较大,且存在个人私自占用公共区域的现象;3. 基础设施不完善,电力线路混乱,设备陈旧;4. 居民防火防盗意识和环保意识不强,存在从高处抛垃圾的现象;5. 租客较多,需要集中力量维修公共设施时,难度较大;6. 绿化率不够,居民家中的盆栽有坠落的风险;7. 楼道里之前有过感应灯,但因居民不愿意交钱而停用。

(二)社区动员大会后

11 月 14 日下午,社区开了动员大会,邀请了部分居民参与。一方面是为了让他们了解“幸福微实事”这个活动,另一方面是让居民认识我们这些志愿者并鼓励他们支持我们的工作。但是我发现参加这次动员大会的都是老人,文化水平普遍不高,有的甚至没读过书,不会写字,还有部分居民听不懂普通话。动员大会结束后,我们跟随社区工作人员开始第一次上户。走访了两三个单元后,结果跟我们预料得差不多,这个活动真正实施起来并不容易。我们去敲门的时候,大多数居民不在家,而在家的住户大多是老人。当我们向老人介绍这个活动并征询其意见时,他们的回答大多是“我不知道”或者说“我没有意见”。当我们敲开了门,有些居民会立马把门关上,说不参加活动,并要求我们“快走”。所以最后同意参加活动的居民只有小部分,并且这部分居民中,大多数人对“幸福微实事”了解甚少,甚至完全不知道。另外,在志愿者征询意见的时候,还有一些租户以“这不是我们的房子”“我们不是这里的人”为由拒绝填写问卷。

经过一下午的上户工作,我们只收到几份问卷。经过分析,我们打算先摆点再上户。由于工作日大部分居民不在家,在家的多是老人,因此今天得到的结果不具有代表性。此外,居民们对“幸福微实事”的了解普遍较少,文化程度普遍偏低,导致他们无法理解这个活动的流程和作用。再加上部分居民对上户的陌生人持有戒备心,不愿开门,信息收集工作面临不少困难。为了解决这些问题,我们计划采取更灵活的调查方式:在周末摆点,吸引上班族和更多居民参与;同时,在工作日继续上户调查,确保覆盖到所有居民。通过这样的方式,我们希望能够让更多的人了解“幸福微实事”,激发他们参加活动的热情。经过商讨,我们认为可以在人群密集处,如菜市场、小卖部等人流量大的地方摆点宣传。另外,针对在摆点时没有发表意见的居民,再采用上户调查的方式收集意见,尽可能确保收集到的意见真实可靠。

(三)问卷不是居民填的

12月2日,我们再次来到社区。社区的对接人小A和我们打了声招呼后就去找资料了。我们这次是来帮他们录入并“完善”问卷的。小A拿着厚厚的1沓问卷对我们说:“这1沓问卷是没填写完的,你们照着白色的这张把相应的内容填到红色这张上就行了,剩下的这些就是要录入的。”小A又对我们队长说,“录入的模板,我等下发给你哈。”随后,我们便前往社区的会议厅开始录问卷。

刚坐下,小 A 和他的同事们便热情地为我们倒热水,在这寒冷的冬日里,这份关怀让人感到格外温暖。录入过程中,小 A 和同事们频繁进出,时而查看我们的录入进度,似乎担心我们会出错;时而为我们拍照,可能他们也在执行自己的任务。

这段时间的相处让我们深刻体会到他们工作的不易,然而,他们自身也存在一些问题,这些问题在一定程度上增加了工作的难度。我们相信,如果他们在工作中能更加认真细致,工作效率会大大提高。记得第 2 次来社区时,有个姐姐与我们同行,虽然她在工作中有时会懈怠,但对待那些同样关心社区公共事务的居民时,却展现出极大的耐心。尽管受限于条件,她无法充分发挥自己的能力,但她的态度依然让人印象深刻。总的来说,我们对社区的工作仍抱有希望,但也清楚改变并非一朝一夕之事。我们期待社区能制定一个长久且周全的计划,逐步改进,让社区工作更加高效、有序。

(四)突如其来的摆拍任务

11 月 30 日上午,我们组一同前往下湾街社区继续开展“幸福微实事”志愿活动。11 月 29 日,下湾街社区的小 A 通过微信向我们志愿者寻求帮助。起初,我们以为下湾街社区的“幸福微实事”项目有需要探讨的问题。然而,结果却让我们有些失望,原来小 A 希望我们给他们当一回演员,拍摄一些有关“幸福微实事”活动的视频。但碍于人情世故,也抱着发现问题的初衷,我们还是安排了这次的走访工作。

刚来到下湾街社区,我们就看见社区工作人员在忙碌,每个人都在自己的岗位上忙自己的事情,从他们的表情能看出他们有些烦躁与无奈。小 A 手头正忙,看到我们来访,立刻赶来招呼我们,并安排小 B 与小 C 带领我们去社区走访。

小 B 带着我们一行人前往拍摄地点,他的步伐快速而坚定,显得十分急切。一路上,他几乎是半催半赶地把我们带到一栋楼下。由于是工作日,楼栋附近显得格外安静,居民寥寥无几,街道上少有行人来往。小 B 焦急地环顾四周,寻找合适的拍摄对象。突然,他的目光落在了在楼道旁专心择菜的老奶奶身上,他立刻带领我们走向前去,准备开始拍摄。

老奶奶年事已高，正专注地择菜，见我们一群人突然走近，显得有些茫然。小B和小C用南昌话向老奶奶说明了来意，老奶奶似懂非懂地答应了我们的请求，拿着我们发的宣传单和意见表看起来，不过她似乎并没有理解“幸福微实事”的含义。

小B开始像导演一般指导我们这群“演员”，把拍摄时间和拍摄效果都交代了一番，要求可真不低呀！我们有些哭笑不得，又无可奈何。

“开始。”小B一声令下，我们便围着老奶奶开始讲解问卷的填写要求，小B和小C立刻进入了角色，看起来有模有样。突然，小B喊了一声“好”，随即便从戏里走了出来，赶忙去查看拍摄的效果。看到视频拍摄效果还不错，小B脸上闪过一丝灿烂的微笑。而老奶奶则继续择菜，把问卷表闲置在一边。

接着，我们在小B的指挥下，顺利拦下2位居民，继续完成街道分配的拍摄任务。尽管居民们对“幸福微实事”了解不多，参与度不高，但他们还是配合完成了视频拍摄。小B等人对此次拍摄成果显得十分满意。然而，我们这些志愿者的心情却颇为沉重。之前小A曾表示“幸福微实事”工作准备充分，但现实情况似乎并不理想。

回到社区后，小A急切地催促我们把拍摄素材发给她。我们尝试与社区工作人员交流，了解他们对“幸福微实事”的看法和建议。对话中，我们发现他们对项目的理解不足，甚至有偏差，更多地将其视为一项任务。他们抱怨工作繁杂，压力大。为了完成“幸福微实事”，他们牺牲了休息时间，甚至影响了家庭生活。“幸福微实事”是为居民谋福祉，方便和服务居民，倘若仅仅停留在形式上，效果将大打折扣，还有可能成为居民的负担，加剧居民对社区工作的不信任，导致基层民主陷入“塔西佗陷阱”。因此，我们需要更加科学合理的规划、端正的工作态度，以及实事求是、脚踏实地的工作作风，来实现美好愿景。

（五）说易行难的上户

11月18日集合完毕后，我们一行6人再次乘车来到下湾街居委会，放下书包，拿上问卷，2人为1组，跟随居委会的工作人员小A出发了。这次，我们去10栋第6单元到第11单元上户。前往楼栋的路上，我们满脑子想的是自己对“幸福微实事”的理解，以及我们应该怎样跟社区居民交流，让他们更好地参与进来。但小A的一番话犹如一盆凉水浇在我们头上。

“咱们到时候让他们签个名字就好啦,再写一下联系方式,记得2份表格都要签,再多拍点儿照片”小A嘱咐道。志愿者疑惑道:“签个名、留个联系方式就好了吗?”小A回答:“现在都是这样哦,这里大部分是租户,哪里能落实,真正愿参与的有几户?”我们一时语塞。

来到第一户人家,小A边敲门边问:“有人在家吗?我们是社区居委会的,这里有份问卷需要签个字,麻烦开下门咯!”不一会儿,1位老奶奶打开了房门。“快拍照,快拍照!”小A急切地说,“照片是最重要的材料,这个一定要。”一人在一旁负责拍照片,一人让老奶奶在问卷上签名。老奶奶讪讪地笑道:“我没读过书,不会写字,也认不得几个字。”“没事,没事,我帮您写。”小A热情地说。就这样,我们帮老奶奶签了名,而“幸福微实事”到底是什么,老奶奶并不理解。

随后,小A就带着我们来到13栋,挨家挨户地上户走访。每走到一户居民家中,小A都会先询问并核对住户的名字。遇到租户,小A都会跳过,直接带着我们走访下一户。

我们在一户人家门口按下了门铃。户主显得很谨慎,他并没有开门,只是低声问我们是谁。

“嗨,您好!是刘大爷家吗?我们是居委会的,可以把门开一下吗?”小A说。“嘎吱”一声,门开了,1位60岁左右的爷爷望着我们。

“是这样的,我们在做‘幸福微实事’的活动,想征集居民的意见来建设我们这个下湾街社区。您觉得我们社区哪些方面还有不足都可以提出来,我们好采取措施。”小A解释道,组长适时递给爷爷1张“幸福微实事”的宣传单。

“我没什么意见。”大爷手拿传单,想都没想便说。

“这里有几个方面的意见,您可以参考一下,有工程类的、服务类的。工程类的包括监控器啊,路灯啊,健身设施之类的。服务类的有……”

经过我们详细的讲解,刘大爷才肯开口:“缺点就是我们社区没有路灯咯,监控器也没有,我们一点儿安全感都没有。”

在小A和组长与大爷交谈期间,我们将大爷的话一一记录了下来,并拍了照片。谈话结束后,小A把刘大爷的意见写在问卷上,最后询问刘大爷的基本信息并请他签字。

在接下来的问卷调查中,我们遇到了类似的情况。住户们普遍表现出谨慎的态度,不太愿意听我们宣传。他们的意见主要集中在老城区的基础设施建设问题上,比如安装监控摄像头,在楼下及楼道里安装照明灯,改善城区的卫生状况。

调查过程中也发生了一些意外情况。当我们敲开另一个住户的房门时,开门的是中年男子 C。他表情严肃,语气明显不耐烦。我们向他介绍了“幸福微实事”活动,并递上了宣传单。但与前面几家住户一样,他并没有仔细阅读宣传单。尽管我们尽力详细解释项目的详情,他仍然对项目持怀疑态度。我们询问他的意见时,他给出了一个令人费解的回答:“你们要管的话,就管管那边的问题好吧,那边不晓得有多乱!”说着,他指向了对面的居民楼。他的回答虽然模糊,但却透露出对社区某些问题的不满和担忧。这种情况让我们意识到,除了基础设施建设等普遍问题,社区的某些特定区域或群体还有问题,需要我们深入地了解和关注。

“你说的乱指的是什么啊?”

“你们自己去看吧,我不想说。”中年男子 C 态度依旧强硬,还带着不满的情绪。

“不好意思,您提的这个建议不在我们这个项目的涉及范围内,您如果没有别的意见的话就请在这里签个字吧。”小 A 说完将问卷递给了他。

“签什么字?你们要我签字干吗?你们没有采纳我的意见还要我签字?”

“您的意见确实不在项目涉及的范围内,您签了字就代表您参与了这个项目。”小 A 说完,拿起问卷准备填写。

小 A 拿到只有签名而没有意见的问卷后,带着我们上楼走访下一户。戏剧性的一幕出现了,当我们向吴阿姨讲解时,中年男子 C 从楼下冲了上来。

“你们那个填的是什么,我都没有仔细看你们就让我签字,我想拿回来,等我仔细看看再给你们。”说完他又提醒吴阿姨,“还不知道他们要拿我们的签名干什么呢。要谨慎点儿,不要随便签名啊!”

刚刚还热情的吴阿姨听了他的话后若有所思,也拒绝在问卷上签字,问卷上只留下了她的建议。小 A 并没有对我们说什么,面对他们的质疑,也不知道该如何反驳。

一个个单元跑下来,开门的住户只有半数左右,大部分铁门紧闭,家中无人,或是应付一句,但不愿开门。我们见到的住户大多是老人,有些独居,文化水平普遍不高。有些老人甚至不会写字,只能由我们代写。其中一个住户见要签字,摆手拒绝道:"上次开门要我搞个什么东西被骗了100块。"大多数住户完全无视宣传单,只是草草签字了事。但也有个别热心的阿姨,了解到"幸福微实事"有专项拨款,在征求意见时,强烈要求装路灯。的确,漆黑一片的街巷楼道使住户出行十分不便。

经过几个小时的努力,我们收集了许多居民的意见,但更值得我们反思的是这次上户调查所暴露出的问题。首先,为什么居民会对我们产生防备心态?正如前面所提到的,居民们的防备心理一方面源于他们对安全的高度防范意识,另一方面则是因为他们对"幸福微实事"项目缺乏了解。不了解的原因在于我们的宣传力度不足,由此导致居民不清楚我们上户的原因和目的。同时,部分居民不愿意主动了解,进一步加剧了这种状况。因此,正是前期宣传工作不到位,使得我们的上户调查遭遇极大的阻力。其次,关于中年男子C对社区的不了解和不信任。通过观察中年男子C以及社区负责人小A的反应,我们可以看出,这在很大程度上是因为社区前期的工作在居民心中未能留下良好的印象。一方面,社区在处理相关事务时的不作为态度引发了居民的不满;另一方面,社区工作人员在工作中确实存在形式主义的倾向,这也让居民对社区失去了信任。社区负责人应当承担相应的责任。目前,各个社区普遍存在工作不落实、忽视责任、看重利益的问题,这种现象不仅损坏了社区在居民心中的公信力,也增加了社区活动推广的难度。

(六)筛选大会到来了

"幸福微实事"活动自11月初开展以来,经过全体工作人员的共同努力,终于迎来了项目筛选会。为了顺利举行此次筛选大会,社区工作人员与我们志愿者在前期进行了充分的交流,做了很多准备工作。尽管正值紧张的考试周,小组成员也无人缺席。

大会在下午2点30分开始,我们小组早早地赶往西湖区。一路上大家都对筛选大会满怀期待,希望前2个月的宣传及上户走访工作在今天的筛选大会上有个完美的结果。我们期待看到居民们自己决定社区的发展方向，好奇“幸福微实事”项目最终会给居民带来怎样的反响。

这一天，社区办公室的氛围给我们的感觉也和之前不太一样。兴许是即将举行项目筛选大会，无论是社区工作人员还是作为参与者的我们，都对这次大会满怀期待。“你们来了。”社区居委会主任匆忙向我们打招呼。社区工作人员都在为即将开始的会议忙碌地准备着，所以并没有与我们交流，大家的心里有一丝紧张和些许不安。

我们向会议室里望了一眼，发现大部分居民已经入座。现场闹哄哄的，前来参加大会的居民们多数为中老年妇女，有些三五成群地坐在观众席聊天，有些则忙着做自己的事。会场周围放置了许多关于“幸福微实事”筛选大会的材料，墙上已经张贴了需要投票的项目的海报，鲜红的活动横幅格外显眼。看得出来，这次活动得到了社区的重视。对于即将开始的筛选大会，我们几个志愿者却心里没底。

2 点 30 分，前来参会的居民们已陆续就座，会场总算安静下来，筛选大会正式开始。首先由社区居委会主任做了一个简单的开场白，并向在座的所有人介绍筛选大会的具体流程。居委会主任似乎有些紧张，稿子念得略显急促，不知台下的听众们是否能听清。紧接着，会议进入了激烈的讨论环节。每一桌的居民代表都深入地讨论了居民提出的 10 个建议，任务是从中选出 3 个大家都认可的项目，以便向其他居民推荐。受限于场地条件，会场并未像预期的那样摆放圆桌，而是把小方桌摆成几排。这样的布局或许在一定程度上让处在边缘的居民在交流与发表意见时有些困难，但并未阻挡大家积极参与的热情和决心。

（七）思考与总结

1. 作为志愿者，我们的初心始终是为居民谋福利。然而，令人困惑的是，为何部分居民却将我们置于他们的对立面，对我们抱有敌意？深入反思后，我们认为这首先缘于沟通的不足。由于信息传递不畅，居民误解了我们的项目，认为这仅仅是一场作秀，未能真正发挥实效。这种误解无疑加剧了双方的隔阂。除了沟通问题，我们也不得不思考，这是否也与居委会的工作方式有关？居委会作为连接居民与志愿者的桥梁，其作用至关重要。如果居委会在项目推进过程中存在疏忽或不当行为,很可能会影响到居民对志愿者的看法。因此,我们需要进一步审视居委会的工作,确保其能够有效履行职责,促进志愿者与居民之间的良性互动。只有双方共同努力,才能消除误解、建立信任,真正实现为居民谋福利的目标。

2. 居委会在"幸福微实事"项目的推行过程中,其角色和行为的恰当性值得我们深入探讨。在项目筛选环节,我们发现桌长并非中立地组织大家思考,而是有计划、有目的地引导大家选择那些实施起来相对容易的项目。然而,这种做法是否真正符合民主公正的原则,是否能够切实满足居民的真实需求,却是我们需要进一步研究的重要问题。项目筛选的民主公正性是确保项目成功实施的关键。居委会作为居民自治的组织,应当保证筛选过程的透明度和公正性,让每一位居民的声音都能被听到,每一个需求都被考虑到。同时,满足居民的真实需求是开展"幸福微实事"项目的初衷。居委会需要深入了解居民的实际情况,确保筛选出的项目能够真正解决居民的问题,提高他们的生活质量。因此,我们呼吁居委会在项目开展过程中更加注重民主程序,确保公正性,同时深入调研,准确把握居民的需求,让"幸福微实事"项目真正为居民带来幸福。这不仅需要居委会自律和改进,也需要我们所有参与者监督和共同努力。

3. 作为此次筛选大会的承办方,社区工作人员在思想认识上存在认知水平不高的问题。多数工作人员似乎只是将此次活动视为一项任务来完成,而未能深入理解其背后的意义和价值。在与居民互动的过程中,社区工作人员明显缺乏深入沟通和了解的耐心。他们未能充分倾听居民的意见和需求,导致双方存在一定的隔阂。沟通的不足不仅影响了活动的效果,也削弱了居民对社区的信任感。当然,我们也不能忽视居民素质高低不一对社区工作带来的挑战和不确定性。居民群体的多样性要求社区工作人员具备更高的沟通技巧和更强的应变能力。然而,这并不能成为社区工作人员缺乏耐心和不深入沟通的借口。为了提升社区工作的质量和效果,社区工作人员应加强思想认识,提高对活动的重视程度,同时注重与居民的深入沟通,了解他们的真实需求和意见,发挥筛选大会的作用,为居民谋福利,推动社区的发展。

4. 根据先前的工作安排,校友会原本应作为"幸福微实事"活动的重要参与者,负责提供技术支持及相关渠道资源。然而,令人遗憾的是,校友会在整个项目中的实际参与度几乎为零,未能充分发挥应有的作用。在此次筛选大会中,尽管校友会派了代表到场,但该代表并未展现出积极的态度,未做实质性的工作。这种局面不仅影响了校友会在项目中的地位和影响力,也削弱了整个活动的效果。作为此次活动的重要参与者,校友会应重新审视其在“幸福微实事”活动中的角色和责任,提高参与度,积极发挥应有的作用,确保项目顺利推进并取得预期的成果。同时,校友会代表也应主动融入活动,与社区工作人员密切合作,共同为居民谋福利。

5. 在投票环节,现场秩序显得较为混乱,尤其是计票过程暴露了一些明显的问题。尽管通过采用数字编码的方式在一定程度上预防了重复投票的情况,但在实际操作中,计票环节显得不够严谨和规范。这种不足可能导致投票结果的准确性和公正性受到质疑。因此,我们有必要对计票流程进行细致的审查和改进,确保每一个环节都能做到公正、透明、无误,以维护投票的严肃性和公正性。

(时间:2017 年 11 月 12 日至 2018 年 1 月 13 日。地点:西湖区广润门街道下湾街社区。调研人员:黄彦智、张淼、崔颢怡、钟玉婷、王辰菡、杨书琴。)

摒弃形式,深入沟通
——来自淘沙塘社区的观察

(一)万事开头难

在此次精心策划的调研活动中,我们与淘沙塘社区事先就时间、人员等细节进行了周密的安排。于是,志愿者团队早早便集结完毕,乘车直奔社区,与居委会的工作人员唐姐会合。加上唐姐和华中科技大学的1名学生,我们的宣传队伍有6人。我们分成3个小组,高效地走访了6个单元的住户。

得益于第1次的顺利对接,我们对淘沙塘社区有了一定的了解,这使得我们第2次上户开展工作更加顺畅。淘沙塘社区有几十年的历史,经历了一次拆迁后,居民数量从1000多户减至400多户。社区设施整体显得陈旧,问题较为突出。而且,社区中很大一部分住户是年过六旬的老人,这在一定程度上增加了我们志愿者在沟通交流方面的难度。

此次走访的主要任务是向开门的住户发放消防安全读本和"洁净家园"行为积分活动读本,同时引导居民填写社区和街道两个层面的"幸福微实事"意见征集表。对于"空防户",我们则贴上相关告示,确保通知到位。

整体而言,此次走访的"开门率"并不理想。尽管我们特意选择在周日上午走访,以减少居民因上班而不在家的情况,但仍有一部分居民外出。愿意填写意见的住户对项目的了解程度一般,但参与度较高。

在走访过程中,有时会出现这样的现象:当敲开门并表明身份后,向住户解释这是"幸福微实事"参与式预算改革项目时,有些居民显得迟疑和不解。一旦进一步说明他们可以在2张表上写下对社区建设的问题与建议时,他们便会毫不犹豫、滔滔不绝地提出两三点不满。这一现象可能反映出项目宣传力度不足,居民对项目的内涵理解不深,居民对社区长期不满。

当然,也有不少居民积极参与该项目。一些老人虽然年事已高、文化水平有限，但他们依然认真指出社区存在的问题，并当场填写表格或请志愿者代写。

工作结束后，我们与唐姐在走访时遇到的问题、走访效果等方面进行了简短的交流与总结。在合影留念后，我们离开了淘沙塘居委会。

（二）上户收集意见工作持续推进

或许是因为社区已成为我心中难以割舍的牵挂，自从参与了几次社区志愿活动后，每次前往社区的前一天晚上，我总会失眠。夜深人静时，我一次次地从梦中醒来，习惯性地看手表，却发现仍处于深夜。我内心深处期盼着黎明快点儿到来。在这种难以平复的激动心情中，时钟的指针终于缓缓指向了7点。我立刻从床上爬起，迅速收拾好行囊，与队友们集合后，踏上了前往社区的路。正值城市上班高峰期，我们好不容易等来的一辆公交车却已人满为患。我们毫不犹豫地挤了上去，只为尽快赶往社区。

一路辗转过后，我们终于到达了社区。居委会的刘主任简要地跟我们讲解了今天的任务，随后便分小组开始行动。临近中午，我们推测年轻居民大多已经睡醒或外出归来，准备做饭，在家的居民可能会相对较多。基于前几次的经验，我们认识到，必须主动出击。我们不仅要积极引导和指导他们，还要在必要时进行适当的督促，确保每一位居民都能真正参与到社区建设中来，为自己所在的社区出谋划策。于是，我们再次出发，挨家挨户地敲门，耐心地回收意见征集表。令人欣喜的是，这一次在家的住户明显增多，这无疑为我们提供了更多的交流机会。我们抓住这一难得的契机，全力以赴地收集每一份有效意见，同时不忘提醒住户是否需要补充信息。面对一些特殊情况，我们同样展现出了极大的耐心。有的居民不慎将意见表遗失，我们毫不犹豫地重新发放，并邀请他们现场填写；有年迈的爷爷奶奶不会写字，我们便帮他们代写。我们的目标只有一个：充分调动居民的积极性，让他们更好地行使自己的权利，为社区的发展献计献策。在完成了上门收集意见征集表的任务后，对于那些暂时不在家的居民，我们也没有放弃。我们计划在晚些时候再来拜访，或者通过电话、微信与他们取得联系，确保每一位居民的意见都得到充分的重视。

在上次召开淘沙塘社区居民意见征集会的时候，1 位老奶奶让我印象非常深刻。她写得一手好字,在会上不仅积极建言献策,而且和朋友们热情讨论社区不完善的地方,自己写完后还帮朋友们写。虽然我听不懂她的话,但是她的热情深深地感动了我。如果所有的居民都这么积极、这么热情,社区将会变得更美好、更宜居。

一开始,居民们对“幸福微实事”项目一无所知,但经过我们不懈的努力,现在有了可喜的变化——居民们积极提意见,尽管过程中遇到了不少困难,比如一些居民选择不参与,态度冷漠。但今天看到居民们交回的意见征集表,我们感到由衷的高兴。得益于社区、校友会和志愿者们的积极配合,我们这一阶段的宣传和上户工作取得了显著成效。现在,社区的各个角落都张贴着“幸福微实事”的海报,居民们对我们的工作也有了更深入的了解。接下来,我们将进入数据录入和后期整理的关键阶段。

在我们的工作即将告一段落之时,尹院长专程来到社区检查工作,为我们加油鼓劲,并与我们合影留念。学校领导的关心和支持给予了我们莫大的鼓励,极大地增强了我们继续做好这份工作的信心。我们相信,接下来的工作将更加顺利。

(三)居民参与度仍是问题

11 月 25 日上午 8 点 30 分,我们从南昌大学前湖校区出发,乘坐公交车前往淘沙塘社区,9 点 30 分左右到达目的地。一到淘沙塘社区居委会,我们就同刘主任及社区的其他几位负责人开了一个短会,主要讨论上一周上户走访的情况和发现的问题。在讨论过程中,我们发现居民的参与度不高,居民普遍较被动。居委会此前采取的是将意见征集表发放到户,由居民填写后自行交回居委会的方式,但遗憾的是,表格的回收率极低,未能达到预期的效果。此外,居民对于社区预算的使用渠道缺乏具体可行的想法,这反映出他们在预算规划方面的思路较为局限,亟待社区负责人的提示和引导。在上户走访时,我们还频繁遇到了“空房户”的情况,这主要是房屋出租率较高所致。租户们对社区的预算改革往往表现出漠不关心的态度,并且拒绝提供房东的信息,这严重阻碍了有效信息的收集工作。

短会开到上午10点左右。根据会上反映的实际情况，居委会的刘主任果断决定采取新的策略——举行“社区‘幸福微实事’意见征求会”，召集居民集中讨论，广泛征求大家对社区预算改革的意见和建议。随后，我们兵分两路，开始行动，一路由居委会负责人在楼下的路口摆点，向路过的居民介绍社区参与式预算改革的相关内容并现场征集意见。另一路则由刘主任带队，前往社区3楼的交流活动平台，在那里举办“幸福微实事”意见征求会。社区3楼的平台宽敞明亮，平日里是居民们散步、休息、娱乐的好去处。我们抵达时，正巧有几户人家在平台上准备中饭，旁边的小朋友在欢快地嬉戏玩耍。我们迅速挂起横幅，摆放长凳。在刘主任的几声热情吆喝下，在家的几户居民前来参与。刘主任对先前上门访谈时居民们的“冷淡”表现表示充分的理解，她指出这主要是因为大家对这次改革不够了解。为此，她详细地给大家讲解了西湖区参与式预算改革的具体内容、形式以及预算的使用方向（主要包括“社区基础设施建设，以实现社区居民有所养”和“社会服务建设，以实现社区居民有所乐”两个大方向）。在刘主任的耐心讲解下，居民们对预算改革有了更清晰的认识，纷纷开始踊跃发表自己的意见和建议。热烈的讨论氛围吸引了越来越多的居民加入进来，大家积极参与，填写表格。这次意见征求会取得了圆满的成功，为社区预算改革的进一步实施奠定了坚实的基础。

随着饭点的到来，气氛热烈的意见征求会进入了尾声。会上，我们收集了很多的意见和建议。“我们要进一步收集居民的意见，然后合并同类项，进而形成完整规范的报告，这是我们接下来的任务。”刘主任说道。针对今日讨论中反映出的问题，刘主任敏锐地指出，这或许与社区住户的年龄结构密切相关——老年人口比例较高。居民们普遍希望在社区服务建设方面，社区能够举办更多的关爱老人、关心老人的活动，例如发放老人爱心午饭，实施尊老敬老等一系列举措，以提升老年居民的生活质量和幸福感。对此，刘主任希望我们志愿者能够在返回校园后，积极联系相关的社团和组织，加强与社区的沟通与协作，共同策划和开展符合老年人需求的活动。

（四）居民的事无小事

此次意见征求会的成功举办，让我深刻感受到了居民们热烈讨论的氛围，与初次登门拜访时的冷淡形成了鲜明的对比。这不禁引发了我的深思:社区预算改革的关键,实际上在于沟通,在于对话,在于信息的对等。回想起初次上门访谈时的情景,我意识到,问题并不完全出在一对一沟通技巧的不足或对话方式的不妥当上。我认为,在社区居民与社区工作人员之间,迫切需要建立一个信息对等的沟通平台。这样的平台可以是现代化的网络沟通系统,通过网站、微博、微信等渠道,实现信息的快速传递和互动,也可以是简单而实用的线下场所:一条醒目的横幅,几张舒适的长凳,完备的信息资料,自由开放的讨论氛围,让每家每户都像讨论家事一般,积极参与到社区事务中来。我想。建立这样的沟通平台,能够更有效地激发居民的主动性,让社区参与式预算改革成为大家共同参与、共同推进的民生工程。

在走访时,我们也发现了许多问题。在社区设备方面,很多居民反映房屋屋顶和下水管道漏水严重,煤气供应不稳定,给日常生活带来了极大的不便。街区照明设施不足,缺少路灯或照明昏暗,严重影响了居民夜间出行。卫生问题同样突出,部分素质较低的住户不愿将垃圾带到一楼投放,导致楼道内堆满生活垃圾,不仅影响环境卫生,还可能引发火灾隐患。此外,楼下经常有废品堆积,不仅影响美观,还妨碍了道路通行和消防安全。社区车辆管理也亟待加强,私家车随意停放在狭窄的道路两旁,影响正常交通。因此,居民强烈建议在社区内的道路出入口设立水泥桩,以限制车辆进入。噪声问题同样不容忽视,社区内噪声较大,严重影响居民休息。

除了居民反映的问题,我们还注意到单元楼内的楼梯护栏损坏、楼道卫生差、单元门口环境恶劣、绿化面积不足等问题,这些都影响了社区的形象和居民生活的舒适度。更为严重的是,社区老旧设施存在安全隐患,如过道上方的电线垂落、裸露,居民在电线上晾晒衣物,极易引发安全事故。这些因素加上社区宣传不到位,导致居民参与度不高,态度消极。我们希望通过此次活动的开展,能够引起相关部门的重视,切实解决这些问题,提高居民的生活质量,激发他们的参与热情,共同打造一个安全、舒适、和谐的社区环境。

(五)筛选会议如期举行

在宽敞的会场上,最为热闹且人数最多的一桌无疑是靠近门口的那桌,也就是第1组。这张桌子围坐了11位居民和5名工作人员。工作人员包括2名记录员、1名桌长以及2名技术员。在讨论正式开始之前,居民们就已经展现出高涨的参与热情。他们纷纷针对材料的不解之处以及会议流程询问工作人员,工作人员也积极回应,耐心解答。当我站在讲台前,偶尔抬头望向那张桌子时,总能看到居民认真地向工作人员请教,居民的参与热情被充分激发。值得一提的是,担任桌长的社区女干部更是展现了极高的责任心和专业素养。从第一个居民落座开始,她就始终坚守在桌旁,为大家答疑解惑,几乎未曾离开过。

会议时间到,主持人一声令下,会场瞬间热闹起来。1组的桌长站在居民中间,用洪亮的方言开始介绍讨论的流程和规则,就连离她最远的我都听得一清二楚。"大家看着自己手上这张红色的表格,上面共有8个项目,待会儿我们通过讨论,选出3个你认为需要实施的项目。我们主要是讨论你对每一个项目的建议……大家都听明白了吗?好,我们来看第一个项目——安装电子监控设备。你们对安装电子监控有什么想法吗?比如说在哪里安装,想装什么样的。"见大家没有吭声,桌长再次问道:"你们有什么想法吗?"

"哎呀,我们提了意见也没有用。"居民抱怨道。

"先说说看吧。"桌长鼓励道。

"电子监控要那种360度无死角的。"一个居民突然说道。

"对于安装电子监控设备,大家还有什么意见吗?"桌长问。

"要在咱们社区的一头一尾安装2个监控。"另一个居民补充道。

"那你们就把这些建议写到我们的项目细化便笺纸上。"桌长说。

"我不写,我不写,他们不是写了吗,那我就不写了。"提意见的居民一边说一边指了指记录员。

"您是不是不会写呀,要不我帮您写吧。"我走过去说道。之后,我周围3个居民的提议基本由我代笔。

"最后问一次哈,对于安装电子监控设备,大家还有什么意见吗?如果没有意见,我们就讨论下一个问题……"对同一个问题再三强调,尽量询问所有人的意见,这是1组的桌长做得最好的地方。

在小组讨论的过程中,总有居民不知道具体要做什么。这时,5名工作人员互相配合、互相补充,针对周围居民的疑问与不解做出回答,维护了讨论的秩序。在我看来,工作人员与居民的比例在 1∶2 和 1∶3 之间确实最为理想。此次讨论会上,工作人员人数够多,顺利地控制了局面,解答了问题。

(六)关于海报

按照最初的计划,海报应当放在桌子上,以便参与者讨论时能够将写有细化内容的便利贴直接贴到海报上,再将海报贴至墙上,以供所有人查看。然而,在本社区的推选大会上,这一流程出现了偏差:海报被提前贴在了墙上。由于没有及时贴到海报上,1 组写好了的有细化内容的便利贴被当作垃圾扔了。还有一些小组在讨论过程中,没有按照要求将细化内容以便利贴的形式记录下来,使得部分讨论结果没有保留。

若严格遵循标准流程,确实比较浪费人力。该流程在数量充足的工作人员支持下才能有效实施,因为这需要工作人员在短时间内迅速张贴海报。一般来说,社区工作人员较少,往往没有多余的人专门负责贴海报。因此,在实际操作中,只能提前贴好海报。此外,让居民将意见写到便利贴上也有困难。部分居民认为这一步骤过于烦琐,有些居民可能因为不识字或书写困难而无法参与。针对这些实际情况,我认为对流程进行适当调整是有必要的,将海报提前贴好是可行的方法。居民讨论的细化内容,可以直接记录在本子上,从而省去贴细化内容便利贴的步骤。

(七)圆桌会议的细节

淘沙塘社区在细节上做得很到位。为了确保投票的公平性,社区采用了红色的投票圈,每人 10 个。这意味着每位居民都有权给 10 个项目投票,且实行一票一投制。这一举措有效避免了象山社区筛选大会上出现的个人将多张选票集中投给单一项目的不公平现象。此前,我一直在为如何防止类似情况在接下来的 20 个社区的筛选大会上再次发生而忧虑,淘沙塘社区的巧妙设计彻底打消了我的顾虑:每位居民的 10 张选票上都印有相同的号码,而不同居民的号码各不相同。这样,社区干部在统计票数时,一旦发现某个项目上出现相同号码的选票,只需保留一票,其余多投的选票将被视为无效。

因为淘沙塘社区的充分准确和精心组织,会议取得圆满成功。会议结束后,居民们陆续离开会场,我们则主动留下,协助社区工作人员清理会场,小心把墙上的项目海报撕下并妥善收好。在完成这些收尾工作后,社区工作人员、指导老师和我们一同合影留念,记录下这美好而充实的一天。这次经历不仅展现了淘沙塘社区的高效组织能力,也彰显了志愿者们的无私奉献精神,为社区筛选大会的圆满成功画上了完美的句号。

(时间:2017 年 11 月 19 日至 2018 年 1 月 13 日。地点:西湖区南浦街道淘沙塘社区。调研人员:雷斌、朱卓婷、李建晨、张培哲。)

沟通平台上众人论事

——来自下塍塘上社区的观察

(一)倾听居民们的心声

此次调研工作分两个阶段进行,每组同学负责其中一个阶段。调研团队采用直接上户的方式进行随机走访。他们的主要任务是征求居民的意见,指导居民填写问卷,并确保问卷的准确回收。随后,团队成员对回收的问卷进行了细致的整理,并将数据录入电子表格。

11 月 26 日上午 9 点,4 名同学到达下塘塍上社区进行上户调研。在马家园小区,他们走访了 4 栋住宅楼。由于没有社区工作人员陪同,加上很多居民不了解活动的目的,社区居民配合度不高,反馈效果不理想。在社区工作人员的陪同和帮助下,小组成员收集了一些意见。同时,小组成员在社区随机采访居民,也得到了一些有用的信息。随后成员们在社区服务中心录入表格信息。11 月 27 日上午,第 2 组同学赴社区继续录入信息。

本次调研过程中,我们发现了以下问题。在社区建设方面,楼栋外的水管破损、老化严重,如马家园 27 栋等处,5 楼的暴露水管正大量滴水,存在安全隐患。这一情况是我们在随机走访时无意发现的。社区健身器材状况堪忧,位于马家园 2 栋楼之间的器材因长期缺乏保养而严重失修,无人使用。居民陈女士在上户访谈中向我们反映,这些器材已损坏多时,无人维修,一直处于闲置状态,浪费了公共资源。此外,环境问题同样突出,珠宝街的小吃街烟雾弥漫,卫生状况差,噪声扰民,严重影响了周边居民的生活质量。我们在上户过程中了解到居民对此意见极大,居民们迫切希望有关部门采取有效措施解决这些问题,以改善他们的生活环境。

(二)为什么敲不开居民的门?

在开展志愿者工作时,我们遇到的主要问题是难以获得居民的信任。由于居民对志愿者不熟悉,部分居民存在不信任、不配合的情况。在上户过程中,出现了居民在家却不开门,或者开门了解来意后马上关门的现象,甚至还有人直接表达了对社区工作的反感。这种情况的出现,一方面是因为社区工作人员工作繁忙,没有时间带领志愿者开展工作;另一方面,居民较强的自我保护意识,以及对"幸福微实事"项目缺乏了解,也使得志愿者上户征求意见变得十分困难。

不过,在社区工作人员的带领下,情况有所改善,工作也取得了一定的成效。这次经历虽然困难重重,但也锻炼了我们的沟通技巧,为今后更好地开展工作积累了宝贵的经验。

在意见征集环节,我们也面临不少问题。因白天多数居民外出工作,志愿者上户时常常无功而返,问卷回收率低,致使收集结果难以精准反映民意。在录入信息时,我们发现意见表呈现出不同的情况:有的居民表示无意见,所以意见表为空白;有的居民填写得极为详细,不仅阐述意见诉求,还说明了具体原因,态度十分诚恳,这两类问卷形成鲜明的反差。此外,还有一些群体性的联名意见,导向性明显,兼具建设性与现实意义。

在近两次的调研中,我们发现下塘塍上社区服务中心的工作人员工作非常繁忙,经常加班加点,一是因为社区人手不够,工作任务比较繁重,所以工作人员一人兼多职;二是这个小区以老年人和外来租户居多,且楼房老旧,基础设施条件较差,存在的问题较多且管理难度比较大。

在此次调研中,住户受访率低、配合率低成为调研最大的阻碍。只有在社区工作人员的带领下,我们才能取得一些居民的信任。原因有三:其一是居民对陌生人的防范心理较重。其二,即便我们向对方表明了身份,说明了来意,居民也不愿与我们交流,有些居民表示没有时间,有些则冷漠地拒绝。这是公民参与意愿低、不关心公共事务的体现,反映了居民的社区管理参与意识淡薄,同时也反映了居民对社区缺乏信任,对社区事务不关心。其三,在汇总居民的意见时,我们发现主要焦点集中在基础设施工程和社区卫生环境两大方面。从该社区的实际情况来看,具体问题包括建筑物和基础设施老旧,居民居住环境欠佳,并且缺乏专业的物业管理。这导致一些生活基础设施未能得到及时修建和维护,进而使得社区的卫生环境较差。居民们的这些诉求真实反映了他们的迫切需求和当前面临的挑战。

尽管过程中遇到了不少困难,但通过不懈努力,我们还是取得了一些成果,这让我们深感欣慰。展望未来,如果后续工作能够顺利进行,那么居民们的诉求必将得到切实回应,大家的公共需求也将得到有效满足。我们有理由相信,这一系列的改进措施将会显著提升该社区居民的幸福感。只要我们所做的事情富有意义,那么所有的付出都是值得的。

(三)推选会居民代表的到来

我们组对接的下塘塍上社区于今天下午召开项目推选会。小组事先根据大家的意愿和实际情况确定了记录员的人选,并且在下午2点前到达了社区居委会。到达居委会所在地后,我被告知此次项目推选会将分为3桌同时进行,所以只需要3名志愿者充当记录员,其余人员协助社区工作人员引导民众、张贴海报。大部分居民代表是老人(该社区以老人居多),有些看起来行动不便。我们的志愿者询问了1位87岁的老奶奶,问她是否知道今天下午要干什么。老奶奶回答,她只知道社区通知她来开会,具体要干什么并不清楚。

推选会会场选在居委会外的一个康复中心的大培训室里,门口有社区工作人员招呼来的居民签到。虽然签到表上标注了桌号,但是字体太小,并不醒目,所以居民们还是要反复询问,确认自己在几号桌。

会场内部用十几张桌子拼成3张大桌子,每张桌子上立着桌号标牌,放着水、项目资料和海报,桌子边用十几张凳子围成一圈。我们作为记录员拿到了自己的工作牌。我负责的是1号桌的记录工作,和桌长(1名社区工作人员)一起站在桌旁等待居民代表们入座。11名居民代表落座后,桌长开始介绍推选项目的规则。这时又陆续来了2位老奶奶和3位老爷爷,都说是1号桌的代表。这时,1号桌总共有15名居民代表,而桌长却说1号桌只有11名代表。由于座位已经坐满了，记录员和桌长只能站着，有些居民代表只能坐在别人后面，桌上的材料也不够分了。

（四）会议讨论进行中

人逐渐到齐了，社区居委会主任开始拿着话筒在旁边做自我介绍，并提醒大家校友会的老师还没来，大家要稍微等一下（但是到推介会结束，校友会的人还是没有出现）。为了活跃现场氛围，主任邀请了一位精神矍铄的老大爷上台献唱，这一举动迅速点燃了现场的热情。紧接着，主任介绍了"幸福微实事"项目，说明了社区在前期做的工作：发放了900多份问卷，回收了300多份，征集了400多个项目，经过合并同类项，最终选出了33个议题供大家筛选讨论。在介绍完项目背景后，主任简明扼要地说明了讨论的流程和投票规则，特别强调每位参会者拥有8票，且不能重复投票。他强调这次推选会是"神圣的，有决定意义的"。最后，主任郑重宣布会议正式拉开帷幕。

桌长再次介绍了讨论的规则和注意事项，我注意到桌长周围的人在认真听，但是离他较远的几位居民代表四处张望，显得心不在焉。坐在桌子一头的几位老爷爷最先发言："第一项'建设活动中心'就非常有必要。"一位老奶奶反驳道："好是好，建在哪里呢？哪里有这么大的地方？"老爷爷接着说："人家喊我们来选项目，大家提意见就行了，就是怎么把这个项目做好，提上去就行。"大家都认可老爷爷的说法，为如何完善项目开始建言献策。见氛围已经形成，桌长从旁边拿了一些便利贴，让大家把意见写下来，然后贴在对应项目的海报上，并请刚刚发言的老爷爷负责这件事。讨论完第一项后，老爷爷说："总共有11个，我觉得都应该做，但是只能选3个，我们投票选3个出来就可以了，不用一个一个讨论吧。"有几位居民也在一旁附和。我提醒桌长应该按规则一项一项地讨论，让大家充分发表意见，讨论继续。我注意到，坐在老爷爷这边的几位居民代表较为活跃，频繁发表意见，而另一头的居民代表则大多保持沉默，他们或与旁人低声交谈，或环视四周，似乎不愿公开表达看法。桌长察觉到这一情况后，主动提供便利贴，希望他们能以书面形式表达意见，然而传回来的便利贴上仅写着"同意"。

在今日的居民会议上,3 个小组同时展开激烈讨论,气氛热烈而紧张。特别值得关注的是 2 号桌,该小组有 2 个不同小区的人,他们在是否支持对方的项目这一问题上产生了分歧,进而引发了争吵。幸好有社区工作人员和其他居民及时介入,将争执的双方拉开。由于现场环境较为嘈杂,为了更准确地听取和记录居民的意见,我不得不凑近每位居民代表,侧耳倾听。然而,由于大部分居民使用南昌话交流,我所能捕捉到的信息往往模糊不清。尽管如此,在询问对项目的看法时,我仍能明显感受到大部分居民的支持态度。值得注意的是,部分居民对自己关心的项目未被列入讨论范围感到疑惑。为此,他们纷纷向社区工作人员咨询,希望得到进一步的解释。

1 号桌的讨论还在继续,但是进展比其他组要快。很多项目大家都是简单地说同意(后来得知是因为很多项目都不是他们自己提的或者不是他们自己小区的项目)。1 号桌的讨论进展迅速,领先于其他小组,多数项目获得居民的赞同。当谈及能够惠及整个社区的项目时,讨论变得尤为热烈,大家纷纷提出改进建议,如安装和更换健身器材,以及开展书法、美术、养生等文化培训活动。特别值得一提的是,开展文化培训项目得到了 1 位老爷爷的强烈支持。他主张多举办社区文化活动,并建议明确活动频率,是每周、每月还是每季度举行,或是交替开展不同类型的培训活动,如本月举行书法培训活动、下月开展美术培训活动。1 位老奶奶建议增加乐器培训,她的建议得到了周围人的积极响应。由于居民们积极参与讨论,1 号桌在老爷爷的引导下成为首个完成讨论的小组。最终,小组选定了“建设活动中心”“安装、更换健身器材”以及“书法、美术、养生等文化培训”作为优先推进的项目。

(五)居民代表投票

讨论结束后,志愿者开始张贴海报。在贴海报的时候,部分居民代表开始寻找自己小组的项目进行投票,部分居民代表离开会场。居委会的工作人员拿出准备好的橘子,试图留住已讨论完的小组,提醒他们耐心等待,不要急于投票。然而,看见别人已经开始投票,居民代表们纷纷跑过去,场面逐渐混乱,工作人员无奈地看着。直到主任发现有人给一个项目投了 5 张票,忍不住大声喝止:“不要投票了！这次作废!”居民代表才逐渐回到座位上。主任严厉地说:“这次投票是‘幸福微实事’活动的关键步骤,程序不合格,财政就不会拨款,社区每个月的办公经费只有3000块钱,平时办什么活动都要省着花。这次有30万,不管怎么样,我们先把项目报上去。这次投票上面会审核,程序不合格就没法通过审核”“说了很多次,每个人8票不能都投在一个项目上,刚才有人给一个项目投了五六票,有些人自己提的项目一票都没有投,这样可不行啊。”

听完主任的话,还没有投票的人急忙把自己的票投到票数少或者没人投票的项目上,已经投了票的急忙把自己的票从票数多的项目上移到其他项目上。但是这种做法使最终胜选的项目更不好计算了。面对这一局面,我们提出了一个解决方案:采取逐项公开投票的方式。主任逐个宣读项目,每桌的志愿者负责记录票数,最后汇总得出结果。这一建议得到了主任的采纳。随着主任开始逐项宣读项目,我注意到我们桌讨论确定的项目并未获得全票,只有8票。这时,旁边的老爷爷解释道:“有人提前离开了,我们当时是全票通过的。这是我们共同提出的项目,请大家举手支持!”在他的号召下,最终有11个人举手表示支持。

在社区项目推选会上,主任不仅逐个宣读项目,还详细说明了社区已开展的工作,确保每位居民都了解项目的实际情况。针对增设电子监控的提议,主任指出社区已有87个监控摄像头,提醒居民如有物品丢失可前往派出所查看监控。对于增设乒乓球桌的请求,主任提到已有爱心人士捐赠了1套,建议不同的楼栋派人协商使用。在讨论增加垃圾桶项目时,主任指出前些年社区已增设不少垃圾桶,但许多已遗失,甚至有带有社区标记的垃圾桶在别处被发现,他呼吁居民爱护环卫设施。关于房屋漏水需维修的项目,主任详细介绍了社区向房管局申请房屋基金所做的努力,社区面临2万元左右的资金缺口。他承诺无论投票结果如何,社区都会尽力解决这一问题。最终,通过公开、透明的投票方式,“建设免费养老中心”这个项目获得最高票数。推选会结束后,居民代表、社区工作人员和志愿者合影留念,记录下这一民主决策的瞬间,志愿者协助社区工作人员清理会场,返回居委会后再次合影,圆满结束了这一阶段的工作。

(六)总结与思考

此次推选会亮点纷呈,首先,在活跃气氛方面,社区巧妙利用居民的才艺,以居民代表欢快的歌声作为开场,取代了传统的严肃的领导讲话,拉近了与居民的距离。其次,社区工作人员展现了较强的应变能力,面对推介会初期秩序混乱的局面,居委会主任及时站出来以理服人,稳定了局面,并积极采纳志愿者的建议,采用新的投票方法,确保了会议的顺利进行。再次,社区工作人员在投票过程中坚持坦诚交流,主动介绍社区各项工作的进展以及每个项目的具体情况,让居民深切感受到社区的付出与努力,从而在投票时更加理性、客观。

此次推选会也暴露出社区工作的不足:第一,会前准备不足,没有做好宣传和通知工作,居民对会议流程和投票规则不熟悉。第二,对到场人数估计不足,没有准备足够的座位和资料。第三,会议组织和秩序维护存在明显短板,缺乏工作人员引导和答疑,桌长未能充分发挥作用,导致居民代表讨论和发泄情绪时缺乏有效引导,部分居民代表过度掌握话语权,投票环节也缺乏工作人员的引导和监督,秩序较为混乱。第四,流程透明度有待提高,居民参与仅限于投票环节,对项目整合过程了解甚少,投票结果也未当场公开,影响了居民的参与感和信任度。

通过此次推选会,我们看到了居民在讨论时的“众生相”,也体会到了社区工作的复杂与不易。作为志愿者,我们也深刻反思自身在此次活动中暴露出的问题,如对相关规则和程序不熟悉、分工不协调等。我们感慨于书本知识与实践之间的巨大差距,那些看似容易理解的理论,在具体操作时却显得如此“无用”。我们认识到,规则和遵守规则的意识是确保讨论顺利进行的两个关键要素,规则本身大多是现成的,但遵守规则的意识需要我们在实践中不断培养和强化。

在深入反思此次推选会后,我们再次认识到沟通的重要性。居委会主任最后开诚布公地沟通带来了积极的结果,这充分证明沟通是解决问题的关键。提前沟通能够帮助我们做好充分准备,当下沟通有助于达成共识,而事后沟通则能凝聚人心。此次会议为居民提供了宝贵的沟通平台和机会,尽管有些居民畅所欲言,有些则显得沉默寡言,这说明社区平时提供的沟通机会太少,居民对此还不适应。然而,仅仅依靠30万元的资金并不能解决长远问题,居民们更关心与自己切身利益相关的项目或大多数人能受益的福利,如建设免费养老中心。显然,30万元的预算只是杯水车薪,无法根本解决问题。参与式预算应成为一个反复沟通、构建公共理性的过程,我们不能寄希望于一两次会议就达成目标。从收集整理意见开始,我们就应重视沟通,并在整个过程中持续强调沟通的重要性。通过内部协调,一些项目可以顺利解决,而那些迫切需要关注的项目也会在沟通中逐渐浮现。我们相信,在反复的沟通交流中,参与式预算改革的效果将会越来越显著,社区也会越来越美丽。

(时间:2017年11月26日至2018年1月14日。地点:西湖区广润门街道下塘塍上社区。调研人员:刘莉、孙悦、黄雪梅、周志勇、易航宇、许德均。)

我们的事情我们自己做主

——来自白衣庵社区的观察

(一)了解白衣庵

12月3日上午8点,我在食堂匆匆吃过早饭就马不停蹄地赶往小组的集合点——建行门口。时间刚过8点,我们在建设银行门口等待了大约10分钟,今日即将前往白衣庵社区的所有小组成员纷纷抵达。我们一行人便搭乘245路公交车,到地铁大厦换乘地铁前往白衣庵社区。

在社区便民服务中心李主任的细致介绍下,我们深入了解了白衣庵社区的详细情况。白衣庵社区坐落于西湖区广润门街道,四周被象山南路、孺子路、珠宝街和带子街环绕,形成一个独特的“口”字形布局。自2002年10月成立以来,这里便成为1个充满历史气息的老社区。社区内共有35栋楼90个单元,居住着1663户人家,其中主要以老人为主,80岁以上的老人有120人,60岁以上的老人则超过1000人,形成了一个温馨的老年社区。然而,由于社区内缺乏停车场等设施,年轻人较少在此居住,流动人口相对较多。此外,社区内的棚户区拆迁情况也颇为复杂,总面积达4119平方米,涉及总人口238人,其中常住人口158人,流动人口80人。总户数共95户,包括常住户45户、租户23户以及空户27户。值得一提的是,白衣庵社区内还有1个颇具特色的“楼院”,这里居民自治程度高,邻里关系十分和谐。

(二)居民似乎并不“不买账”

我们前往了豆豉巷12号,敲开了1家住户的门。相较于上一次,这一次居民显然更配合。这一栋楼共有7层,有十来户居民,但我们仅敲开了2户。其中1户以为我们是搞传销诈骗活动的,立刻把门关上了;另外1户则一直强调自己对此类活动不了解,对社区建设提不出什么建议,说自己的看法和大多数人一样。这件事让我们对这个项目的未来产生了疑虑:在居民并不热情的情况下,我们真的能达到预期的效果吗?走访结束后,时间还早,我们便在社区里逛了逛。登上2楼的社区居民活动中心,我们发现墙上贴了很多以往社区活动的照片,看起来很有爱,也很温馨。活动中心面积不大,就两三间办公室,摆放着一些盆栽。

在社区闲逛时,我们发现了一些亟待解决的问题:车辆停放混乱无序,导致本就狭窄的路面更加拥挤,路人和非机动车的通行空间被大幅压缩;不少居民习惯将衣物、被子甚至腌制品晾晒在电线上,这种行为不仅影响美观,更隐藏着极大的安全隐患;楼栋的消防设施状况堪忧,要么缺失灭火器,要么灭火器无法使用;此外,楼栋的照明灯损坏后长期无人修缮,居民只能自行搭接电线、安装灯泡,这种不规范的用电行为极易引发事故,一旦发生意外,责任归属该如何界定?

在工作人员的引领下,我们来到了象山南路326号,这里主要由2栋楼构成,共有8个单元。途中,我们遇到了一段坡度接近70度的楼梯,攀爬时颇感费力。尽管我们事先准备了意见征集表等物资,并明确了各自的片区与工作任务,但实际走访时并不顺利。多数情况下,我们遇见的是住户不在家的情况,导致上户效果不理想。以下是我的入户纪实:

"您好!请问有人在家吗?"我在门外一边轻轻地敲门,一边询问,一开始没有人出声,也没人开门。鉴于部分居民警惕性较高,即便在家听到陌生人敲门也不愿意开门,甚至有居民将陌生访客视为推销员,不愿意被打扰,我再次敲门并亮明身份:"您好!请问有人在家吗?我们是社区居委会的志愿者。"希望消除居民的戒备心。不一会儿,门开了,1位看上去约莫50岁的中年男人打开了门,探出头来,语气略显生硬地问道:"你们是什么人?有什么事?"

"我是社区居委会'幸福微实事'活动的志愿者。现在白衣庵社区有30万元的资金指标,广润门街道则有100万元的建设资金,用于社区和街道的建设。我们现在来征求居民的意见,想问问居民对这个建设资金的使用有什么建议。您方便填一下意见征集表吗?"面对居民的疑问,我言简意赅地介绍了我的来意。

"我不填,不填不填,你走吧!这个没什么用。还不是社区自己决定了所有事情。”居民听了我的话后并不相信,作势要把门关上。

“等一下!”我急忙向他解释:“您的建议很有用,只要您提出来。在之后的居民投票环节,如果大家给你的建议投的票数多,这30万元就会用于解决你所说的问题。”

“你别说了,有什么用啊!我们楼道的灯坏了这么久,我都不知道向社区反映多少次了。每天上下楼没有灯不知道多麻烦,社区也不管这件事。”提及长时间不亮的楼道灯,居民有些生气,语气有些冲。我抬头一看,发现这一层楼的楼道灯没有灯泡。

听见他抱怨楼道灯的问题,我便抓住机会向居民建议:“您看,您这里的楼道灯坏了。生活的确挺不方便的,那您就可以提维修楼道灯的建议。要是投票的时候,有很多人同意维修和安装楼道灯的建议,社区的30万元预算就可以用于维修和安装楼道灯。”

“有你们说得那么好吗?”他将信将疑,不再急着关门了。

“是的,就是这样的。您可以看一看这个宣传单,这30万预算就由居民决定用来做什么,所以我们要征集居民的意见。”我一边拿出宣传单,一边向他解释“幸福微实事”项目。

“那您方便填一下意见征集表吗?”他一边看宣传单,一边拿出意见征集表和笔。

“那就填一下吧!希望像你说的一样有用。”不一会儿,他填完了表。“您还有什么意见吗?什么意见都可以提。”临走之前,我再次问他。

他的脸色立马变得难看,并质问我们:“你们上来没有闻到一股骚味吗?”

“骚味?”我很疑惑,他怎么突然提到这个问题。

“你们没有闻到吗?就在1楼的楼道那里,总有人在那里随地小便,味道难闻得要死。”看到我们疑惑的表情,他从家中走了出来。“我带你们去,看看味道有多难闻!”他领着我们到了楼下,1楼楼道口的地上的确有一摊水。

“这是不是小孩子干的?”我们上来时没有注意到这一滩水竟然是尿,也想不通除了孩子还有谁会在这里撒尿。

“不是不是,不是小孩子拉的尿。你把我这个建议也写上去,让社区解决这个问题。撒尿这个问题实在是太恶心了。”他生气地说,可见这个问题对他的生活影响不小。我们把这个意见也填到表上,之后继续去楼上上户。

(三)对楼梯不满

大概10点半,住户陆续买菜回来,看到我们一帮学生在做调研,纷纷围拢过来。他们的意见几乎一致,都集中在楼梯的坡度上。他们强烈建议把这个楼梯改造成扶手电梯;若是经费不足,他们希望将坡度改小。更有一些老人透露,他们曾因坡度过大而在此摔倒,因此对此问题感受尤为深刻。他们甚至主动提出,愿意凑钱修建楼梯,只是希望社区能够出面组织协调。由此可见,楼梯坡度问题已经成为大家心中的一个痛点,即便是我们这些年轻人上楼梯都感到吃力,更不用说那些年迈的老人了。然而,令人疑惑的是,尽管大家都有如此迫切的需求,社区却迟迟没有采取行动予以解决。这不禁让人思考:这是否属于网格管理员的职责?如果答案是肯定的,那么管理员是否存在失职行为?毕竟,保障居民的安全出行是社区管理者的重要职责之一。

在上户过程中,我们被拒绝多次,但是也有人积极参加活动。关心项目的多是长居于此的老年人,他们在此已经度过了大半时光,对社区怀有深厚的感情,关注着社区的变化,希望社区能够满足他们的基本需要。

1位在此居住了40多年的熊奶奶,向我们道出了她对本次活动的热切期望。熊奶奶今年88岁高龄,一家三代至今仍生活在3层楼高的社区庭院之上,房屋面积仅40平方米。虽然年事已高,但熊奶奶对生活的热情从来没有减弱。在我们进入庭院时,眼前的绿植让我们眼前一亮,这都是由熊奶奶和生活在社区的其他几个老人家一起种植的。

熊奶奶和几个老人家每天轮流打扫庭院,熊奶奶用朴实的话语告诉我:"能做一点儿是一点儿嘛,把环境搞好了,住得也舒心。"可是熊奶奶年事已高,虽然腿脚还算麻利,但每天出行还是不便。生活在庭院之上的她,出入走动极为不便,买菜做饭都成了难题。原因是,每次出入庭院都要经过一个极其陡峭的楼梯过道,即便是年轻人上下楼梯都要小心翼翼,更何况是年近九旬的老人呢。

楼梯有两三层楼高,坡度大,台阶多,缓冲少。庭院内居住着几十户老人,这段陡峭的楼梯是他们每日出行的必经之路。对于熊奶奶和众多生活在此的老人们而言,每次上下楼梯都仿佛是一次艰辛的长征,伴随着气喘吁吁和身体上的力不从心。不久前,一位居住于此的老人在楼梯上不慎摔伤,导致手骨断裂,至今仍躺在病床上无法动弹。

熊奶奶和几个在场的老人家均对这一项目表示强烈的支持。他们说:“现在条件好了,政府还在做这种好事,我们觉得生活也有了盼头。”熊奶奶和其他老人家还表示:“我们也理解,30 万全都用来装电梯也不合适。你们能不能帮我们争取一下,哪怕改造一下也好,我们也想在能走动的时候多出去走一走看一看,总不能每天待在这里。”说到动情处,熊奶奶的眼睛湿润了。

通过上户调研,我观察到社区存在以下问题:一是居民对“幸福微实事”的了解不够,并没有真正明白参与式预算和以往的政府预算有什么不同;二是居民对参与式预算的积极性较低,认为参与式预算和自己关系不大,因此提意见的热情不够;三是居民更看重个人利益,对公共利益的关注度不够,提意见大多是为了解决自己家里的问题,并不涉及公共利益。

(四)再次走进白衣庵社区

周一,社区郭主任便通知我们,所负责对接的白衣庵社区将在周六上午举行项目推选会,我们志愿者可以前往社区提供协助。随后,社区工作人员调整了时间,将会议改至周六下午 2 点30 分,并要求我们提前半小时到达,以便做好各项准备工作。为此,我们小组决定于12 点50 分出发,确保能够在2 点准时抵达社区便民服务中心。此次大会将在白衣庵社区内的一家知名企业——江西和平(集团)有限公司2 楼的会议室举行。

一走进社区便民服务中心,邓阿姨就热情地招呼道:“你们来啦!”

“邓阿姨,郭主任让我们先到便民服务中心来,再去推选会现场。”

“是哦是哦。我休息一下,现在太累了,休息一下再带你们过去。”邓阿姨喝了一口水,并招呼我们坐一下。

我们刚坐下,1 位头发花白的老奶奶走了进来,用南昌话和社区工作人员说了几句话。不一会儿,邓阿姨就让我们跟这位老奶奶一起去项目推选会现场。

在前往会场的路上,我们遇到了几位六七十岁的奶奶,她们也要前往推选会现场。我心中很是疑惑:难道白衣庵社区的推选会也和象山社区的一样,来参会的都是老年人吗?他们知道推选会的要求与操作吗?他们如果不知道,对推选会以及参与式预算有什么影响呢?

(五)幸福圆桌会

带着疑虑,我走进了会场,推选会已经准备得差不多了,部分居民正坐在桌前聊天,两面墙壁上挂有“广润门街道白衣庵社区幸福微实事项目推选大会”的横幅,其上点缀着气球。室内摆着3张桌子作为3个小组的会议桌。

社区的郭主任和几名技术顾问正在裁剪用于居民投票的笑脸贴纸。打完招呼后,郭主任问我来了几名志愿者,我告诉他来了4名。郭主任随即递给我3张记录员的工作牌,对我说:“我们只有3桌,每桌安排1名志愿者做好会议记录就可以了。”说完她就继续忙去了。我把3张工作牌发给了其他3名志愿者,并决定采用流动观察的方式,密切关注每一桌的讨论情况。

随着时间的临近,居民们陆陆续续来到会场。与象山社区一样,到场的居民以60岁以上的老年人为主。我进一步了解到,白衣庵社区此次项目推选会规模较大,共涉及33个项目的讨论,采用圆桌会议的形式,与象山社区的做法相似。每桌设1名桌长,由社区干部担任,同时配备1名来自南昌航空大学校友会的技术顾问。此外还有1名志愿者担任记录员。每桌的人数不固定,但要确保每桌至少有11位居民参与。在桌长的有序组织下,每桌展开讨论,选出3个项目。

(六)讨论项目

本次幸福圆桌会上,第2桌的讨论无疑吸引了众多目光。该桌共聚集了13位居民,由于空间有限,桌长与记录员均坐在桌子外围。然而,技术顾问并未出现在桌子周围,似乎并未参与讨论。我想可能是因为讨论尚未正式开始,所以技术顾问暂时未参与。事实证明,技术顾问始终未出现在讨论现场。

在圆桌讨论开始前,现场较为嘈杂,桌长在闹哄哄的环境中记录了第2桌居民的名字。我有些疑惑:居民不是都到齐了吗?为什么还不开始讨论呢?于是,我问了站在一旁的桌长:“阿姨,为什么还不开始讨论啊?”

桌长侧过头,压低声音对我说:“街办的领导还没有来。”十几分钟后,社区的郭主任走到前面发言。其间,话筒出了故障。郭主任对参与会议的校友会、志愿者和居民表示感谢,并介绍了白衣庵社区"幸福微实事"的进展。他汇报了居民意见的征集情况,包括合并后的33条建议(其中,工程类26条,服务类7条),并介绍了会议的流程。在郭主任发言期间,居民们一直在说话,甚至一度盖过了郭主任的说话声。可见,社区在维护会场秩序方面还需要改进。

发言结束后,会议进入讨论环节,我继续选择第2桌作为重点观察对象。

"来来来,大家看看我们这一组要讨论的11个项目。"桌长一边给第2桌的居民发放项目表一边说,"每桌选出3个项目。大家先看一看,然后我们再讨论一下。"

周爱玲奶奶看过后首先发言:"安装电子监控这一项我觉得挺不错的,你们看怎么样?"

"电子监控还可以。"

"好像还可以,电子监控有利于安全。"

"我同意,电子监控要有。"

…………

在大家的附和声中,陈兰英对桌长说道:"你是不是要先给我们介绍一下这些项目啊,我们都不太了解。"

"好啊,那我一个一个讲吧,大家有什么意见就说。"桌长接受陈兰英的建议,开始向大家介绍本桌要讨论的11个项目。

"修建篮球场这个项目就是指在社区划出一块打篮球的地方,这个……"

桌长还没有来得及介绍下一个项目,居民就开始发表意见。

"我觉得我们社区不太可能修建篮球场。"

"我觉得不行,我们社区只有一点儿空地。"

"对啊,社区那么小,哪里有地方建篮球场哦。"

…………

"好,那建篮球场这个项目就过了啊。我们看下一个——关爱孤寡老人。我们社区有很多60岁以上的老人,我们要多关爱这些老人。大家觉得怎么样?"桌长说道。

"关爱孤寡老人,我觉得可以哦。"

"是吗?好像还不错。"

…………

在居民开始讨论“关爱孤寡老人”这个项目的时候,1 位奶奶走到桌长旁边拿起项目表,拉了拉桌长的衣袖,颤巍巍地指着“楼房漏电严重”这个项目对桌长说:“你要把楼房漏电的危险性和大家说清楚哦,这个是真的蛮严重的。”正听大家讨论的桌长,侧头看了看奶奶,回道:“好哦好哦,我等一下会说。”

这时周爱玲奶奶突然高声问道:“大家觉得关爱孤寡老人这个项目好不好?认为这个项目好就举手哦。”说完率先举了手。

“好哦,好哦。”

“蛮好的。”

“举手,举手。”

不一会儿,大部分人举手表示赞成。

“好,那我们这桌的第 2 个项目就是关爱孤寡老人。”桌长看到有这么多人举手当即宣布这个项目入选,接着继续介绍项目:“第 7 个项目是老旧房的落水管改造,现在有很多老旧房的落水管严重破损。大家觉得这个项目怎么样?”

“这个老旧房落水管改造是不是面向整个社区的啊?”有居民问。

“是哦,是哦。”桌长回答。周爱玲奶奶发言:“这个项目好哦,大家举手。”声音高亢,颇具煽动性。

话音刚落马上就有居民陆陆续续举手,很快这项目就获得了第 2 桌大部分居民的支持。

“那我们这桌的第 3 个项目就是老旧房的落水管改造哦。”桌长当即宣布。

“那我们这桌的讨论是不是就结束了啊?”周爱玲奶奶笑着问桌长,起身准备走。

“等一下,等一下,后面还要投票,现在还不能走。”桌长拦下准备走的居民。这时有个大约60 岁的爷爷走到桌长身边,有些生气地质问道:“你们这个到底怎么搞哦,不要一开始说清楚吗?”

听到爷爷质问,桌长有些不悦,她指着爷爷手中的项目表解释道:“刚才主任发言的时候就已经说过了,每桌讨论 11 个项目,推荐 3 个项目。刚才我也说了一遍规则,我哪里没有说清楚哦。”

“最后是选了哪 3 个项目哦?”

"选了1号'安装电子监控'、5号'关爱孤寡老人'和7号'老旧房落水管改造'。"桌长指着项目表对爷爷说。爷爷没再说什么就走开了。会场嘈杂得很,很多居民的发言都听不清楚。

在观察中我发现,第3桌的讨论氛围同样热烈,其中1位爷爷仿效第2桌的周爱玲奶奶,站起来高声动员大家举手赞成某个项目。在他的热情动员下,许多居民纷纷举手表示支持。不过,在居民讨论时,第3桌的桌长似乎并未充分发挥引导作用,而是站在一旁,让居民自行讨论。此时,居民明显分为两类:一类是积极参与讨论的,他们热烈发言、提出建议;另一类则是事不关己型,只顾着做自己的事情,一言不发。在积极参与的居民中,有一两位成员极具鼓动性,他们成功带动其他居民举手表决,通过了一些他们希望实施的项目。在短短半个小时内,第3桌便讨论出了结果,通过率最高的3个项目是免费安装管道煤气、增加电动车停车场以及多栽树。

我发现,和象山社区不同的是,白衣庵社区没有针对每个项目设计手绘海报,所以生动性和趣味性不是很强。在贴完便笺后,我注意到技术老师在做记录,于是我凑过去询问老师是否发现了什么问题。葛老师与我简单交流了一下,认为存在2个问题:一个是项目的合并存在缺漏现象,例如卫生、绿化本是普遍的问题,但是合并后却变成了少数几个区域的建设项目;另一个是居民表达意见不充分。

值得注意的是,白衣庵社区在讨论结束后并未安排代表上前为本组推荐的3个项目拉票,而是直接进入投票环节,这一流程上的差异或许反映了不同社区在社会资本、注意力资源以及样板打造资源投入上的不同。在居民热烈讨论的同时,社区工作人员也忙碌着,他们张贴用于收集投票和项目细化的海报,确保投票顺利进行。随着大会讨论接近尾声,社区干部也同步粘贴了33个项目的海报。随后,主持人上台向居民介绍了大会的下一个环节:每位居民将获得10张选票——笑脸,从第1桌开始,在33个项目中选择希望实施的10个项目,并且1个项目只能粘贴1张笑脸。

(七)投票过程

讨论结束后就进入了投票环节。但在郭主任宣布开始投票前,有不少居民冲上前去投票。

"先回到座位上去,先回去,等一下再投票。"郭主任站在前面声嘶力竭地喊,但是还是有不少居民在投票区自顾自地投票,似乎并没有听到郭主任的话。现场一度十分混乱,郭主任只得下场把部分居民从投票处拉回座位。

"好,现在第1桌的居民先去投票,然后是第2桌,再是第3桌。"郭主任简要说明规则后,投票就开始了。但是居民似乎并没有把规则放在心上,他们没有按照秩序投票,而是一窝蜂地去投票。

居民们围在投票区前一边讨论,一边给自己心仪的项目贴上笑脸。这时,1个穿着红色外套的大约50岁的阿姨拉着我的衣服问:"装楼道灯的那个项目在哪里哦?"我在靠下方的一个角落里找到了编号为"2"的安装楼道灯的项目,并告诉了阿姨。阿姨走到那个项目前,一口气贴了好几个笑脸。她还拉着在一旁投票的奶奶说:"投这个,投这个,楼道灯都坏了,楼道太黑了。"奶奶在她的动员下也给2号项目贴了个笑脸。我走过去,低声问道:"阿姨,不是1个项目只能贴1张笑脸吗?"社区工作人员这才出声提醒道:"1个项目只能贴1张哦,不能多贴。"此时阿姨又拉着1位爷爷给2号项目投票,爷爷当时正犹豫不决,听了阿姨的话就给2号项目投了票。

投票告一段落后,郭主任叫我们统计33个项目的票数。在志愿者统计票数的同时,郭主任要求每桌派1位代表上台发言,谈谈自己的感想。让我印象最深刻的是第2桌在讨论环节质问桌长的那位爷爷。

他首先介绍了一下自己,然后严肃地说道:"我以前很少参加社区的活动,这次参加推选会是想多和大家接触和交流。我觉得国家既然搞了这个参与式预算改革,我们就要严肃认真地对待,不要嘻嘻哈哈,因为这不仅关系到我们自己的切身利益,而且也是关系国家的大事。上次我们家里来了做社会调查的志愿者,我陪他做到七八点钟,我没吃饭,他也没吃饭。既然要做,我们就要认认真真做好。"我想,如果社区的居民都像他这样,社区能更快达到自治目标。

(八)投票结果

统计结果出来后,郭主任向居民宣布了每个项目的得票数。我们在统计过程中发现了一个问题:得票数最多(获得了31票)的项目是免费安装管道煤气,但是如果要实施这个项目,30 万的预算是不够的。管道煤气的安装问题是居民根据自己家里的需求决定是否安装的个人利益范畴,并不直接涉及公共利益。然而,社区在合并项目时仍然把这个项目纳入进来,这不禁让人深思其背后的利益考量:是社区在综合考虑了多数居民的实际需求后做出的决策,还是工作粗心导致的疏忽?无论是哪种情况,都让我对社区项目筛选的公正性和严谨性产生了怀疑。或许我们需要进一步加强监督,让流程透明化,以确保社区资源的合理分配和公共利益的真正实现。

在活动圆满落幕之际,进入了合照留念环节。全体参与推选会的居民、社区工作人员、校友会代表以及志愿者们齐聚一堂,在会场留下了充满纪念意义的合照。

随着居民们陆续离开会场,我们并未立即散去,而是主动留下来,与社区工作人员打扫会场。我们细心地清理每一个角落,确保会场恢复整洁,同时小心翼翼地将墙上的项目海报撕下并妥善收好。在所有工作都顺利完成之后,社区工作人员、老师和我们再次合影留念。这张照片不仅见证了我们的共同努力和付出,也为这次活动留下了宝贵的回忆。

(时间:2017 年 12 月 3 日至 2018 年 1 月 13 日。地点:西湖区广润门街道白衣庵社区。记录者:杨文庭。)

改革并非一蹴而就
——来自象山社区的观察

(一)会议的布置

会议时间定在下午2:30,我吃完午饭就急急忙忙地赶了过去。上午,我仔细研读了李老师编写的关于参与式预算的小册子,对参与式预算有了初步的认识,但心中却产生了更多的疑问:此次筛选大会的流程究竟是怎样的?这一流程是如何确定的?与以往相比,此次的流程有何新颖之处?在实施过程中遇到了哪些问题?我希望能够通过现场观察以及在大会期间与吴海宁老师、李凡老师的深入交流,找到这些问题的答案,进一步加深对参与式预算的理解。

我进入会场时,会议前的准备工作已基本就绪。会场上,目光所及之处全都摆满了椅子,椅子虽多却不凌乱。会场布局井然有序,按照桌椅的摆放方式,划分为4个区域。中央位置最为显眼,摆放着6张圆桌,占地面积最大,成为与会居民的主要落座区。圆桌四周,长条桌环绕而置,专为参会人员准备。其中,会场后方与左侧的长条桌尤为特别,社区干部、志愿者、校友会三方代表齐聚于此。会场中央右方则预留给西湖区的领导以及从广州来的参会人员。舞台设在会场最前方,而会场最后方则布置成了画报展示区,60张画报整齐排列,代表着居民提出的60项提议。这些画报由社区的美术老师与小朋友共同创作,色彩鲜艳,内容精美,重点突出。忽然想起老师的叮嘱——做好记录,我立刻行动起来,拿起手机,开始认真拍摄会场的每一个角落,力求将精彩瞬间永久定格。

参会者构成多元,包括社区居委会、街道办事处、民政局、居民、专家团队、志愿者以及媒体工作者。社区居委会与街道办事处负责会议的组织与筹备工作。居民是会议的主角,积极参与项目的整合与筛选方案的讨论和投票,提供意见与建议。专家团队负责解答讨论中涉及的技术性问题,志愿者则认真记录每桌的讨论过程。会场后面的大展板上,60张海报格外引人注目,这些海报由象山社区充分利用社区资源,邀请社区的美术老师精心绘制。1 张海报代表着 1 个具体的项目,形象具体,通俗易懂,有效提升了居民对项目的熟悉度,也为投票环节的细化与有序进行奠定了基础。这些独具特色的海报得到了主持人与专家们的一致好评,称赞其展现了象山社区的独特魅力,有别于海口市美兰区,成为会议的一大亮点。

我来到桌前坐下,此时邻座还没有人,桌上的红色资料袋吸引了我的目光。我抬头看了看,会场上的每个位子上都有一个这样的资料袋。我把资料拿出来,认真看了起来。袋子里有好几份资料:会议组织方案、会议注意事项、征集项目合并表、“幸福微实事”工作方法、社区对接表、校友会走进社区倡议书等,内容详细。看完这几份材料,我基本了解了这次会议的流程,知道筛选大会处于“幸福微实事”工作的哪一阶段。

(二)筛选大会开始

随着主持人吴海宁老师接过话筒,开始发表热情洋溢的开场讲话,此次“幸福微实事”项目筛选大会正式拉开了帷幕。紧接着,街道办主任和社区居委会主任相继上台,分别就前期工作的进展情况做了详细报告:“感谢政府,感谢校友会,感谢志愿者,感谢与会的居民。此次收集了几百条意见,经过合并筛选,目前为止共有 60 个提议。下面各个小组要开始讨论,在讨论之前,我先给大家介绍一下流程和规则。讨论的时间差不多有 1 个小时,每个小组对本组的 10 个项目进行讨论,桌长负责控制好整个过程,不懂的问题可以问技术员。记录员一定要全面记录讨论的内容。每个人都要举手发言,但不要随意发言。要把细化的内容贴到海报上,最终每个小组选出 3 个项目,派 1 个能说会道的代表上台,向大家讲解选择这 3 个项目的理由。”

“好了,现在各小组开始讨论本组的项目,其他参观学习的人员,可以走上前去,仔细观察他们讨论。好了,现在开始吧。”随着主持人一声令下,坐在座位上的参观者,迅速涌入会场中央,将 6 桌居民围了起来,会场瞬间热闹起来。

(三)热烈地讨论

随着我跟随人潮挤到小组区域围观,各个小组的讨论已经开始了。环顾四周,只见圆桌小组共分为6组,每组人员配备齐全,包括桌长、记录员、计时员各1名以及8到12位居民。每个小组的桌面上都有1个资料袋,还摆放着本小组要讨论的10个提议项目表,以及与之对应的10张海报。这些海报不仅美观,更具有实用功能。居民们只需要将入选项目的讨论内容贴到对应海报的中间区域,然后将整张海报贴到会场后方对应的画报下面。在投票时,大家在海报的下半部分贴上自己投的票即可,既方便又有序。

讨论刚刚开始,我旁边的1位大爷就站起来念叨着:"这里面没有我的提议,我不想投票,我对这些项目都不了解,讨论有什么意思啊,我不讨论。"但是,在我看来,这种随机分配的方式更合理。若居民们仅围绕自己的项目展开讨论,那么他们的关注点势必过于集中,容易忽视其他项目的价值,导致每个人都极力推荐自己的项目,最终在推荐3个项目时,由于各执己见,难以达成共识,降低决策的效率与公正性。相反,如果讨论的是别人提出的议题,居民们便能以更客观、更全面的视角审视每个项目,将更多注意力放在项目是否真正有利于社区整体发展上,这样最终推荐的3个项目更有可能是能够最大限度体现小组利益、符合社区发展需要的优质项目。然而,要达到这种效果,居民的分配就不能过于随意,而应经过精心设计,确保每个小组的人员构成既多元化又均衡,以促进深入、全面的讨论,最终达成有利于社区发展的共识。

随着小组讨论声响起,整个会场仿佛被一种热烈的讨论氛围笼罩。各小组讨论时,围观者几乎没有交谈,各小组讨论的声音,几乎将整个会场淹没。第1组已经开始讨论。桌长是个年轻的社区女干部,她试图引导讨论的进程。然而,在这喧闹的会场上,她的声音显得格外温柔,以至于站在她身后的我几乎无法听清她所说的话。不仅如此,离我稍远一点儿的居民发表意见,我几乎都听不清楚,这无疑让我在观察和记录过程中遇到不小的挑战。

(四)程序不规范

第2桌的桌长同样是1名年轻的女干部。她的声音很柔和,在这嘈杂的讨论环境中几乎难以辨识,仿佛被周围的喧嚣吞噬。居民们三三两两地交流着,每个人都在按照自己的意愿表达观点,声音交织在一起,使得其他人难以听清具体的发言内容。我心想:"这和第1组的情况一样。"当我正要转身离开时,1

个年轻男孩的声音响起:“各位叔叔阿姨,大家听我说一句,按照咱们这样的讨论方式进行下去,最后讨论出来的结果可能会不尽如人意。大家如果相信我,可以听一下我的想法。”我转过身,目光聚集在男孩身上,他胸前挂着的工作牌上清晰地写着“记录员”三个字。

男孩条理清晰地说道,“为了让我们的讨论有条不紊地进行,我们得确定一些规则。首先,我们一共有 60 分钟的时间,要在这么短的时间内讨论 10 个项目,也就是说每个项目的讨论时间不超过 6 分钟,所以我们应该严格控制时间,我们这桌一共有 12 个人,如果每个人都发言,那么平均每个人发言的时间为半分钟左右。其次,因为一些突发情况,时间可能不够用。为了确保大家认为非常重要的项目得到充分的讨论,避免因时间不足而被迫放弃,我们优先讨论大家认为最重要的项目,对于那些不是特别重要的项目,则视时间情况灵活处理,若有时间则讨论,否则予以放弃。具体流程如下:我们将进行一轮投票,每个人有 3 票,通过给每个项目投票,我们将根据得票数给项目排序。在讨论过程中,我们一边讨论一边细化项目内容。再次,我们以顺时针的顺序来发言,大家有意见就发言,一圈轮完以后,还有想发言的请举手,别人发言时请保持安静。大家同意我的观点吗?”

“同意。”

“好,那我们就开始吧……”

此后,这个小组的讨论非常顺利。即便偶尔有人没有遵守规则,记录员也会大声提醒。

“各个小组注意!大家记得把讨论的内容写在黄色的便笺纸上,再贴到这个海报的中间……”主持人吴海宁老师在舞台上拿着海报比画着,提醒大家正确使用海报,但是他的声音在人声鼎沸的现场很快被一浪高过一浪的讨论声淹没了。不过,他的话语还是起了作用,靠近舞台的 1 组就听到了他的声音,在讨论时间过半的时候,把叠放在桌子中央的海报伸展开来,开始研究如何使用那张海报。

此时,李老师正笑眯眯地站在 1 组的外围,观看他们讨论。我走了过去,就会议流程向他发表意见:“李老师,我看到标准大会议程上说,每个小组对本组的 10 个项目进行讨论,并推荐 3 个项目。如果第 1 组所讨论的项目中没有 A

居民提的项目,而别的小组选出的3个项目中也没有他所提的项目,那么他可能就失去了讨论的动力了。我认为这样设计不太合理。"

李凡老师耐心地回答:"我们此次会议名为筛选大会,其实这个名字并不贴切。实际上,在这次大会上,我们没有筛选、去掉任何项目,每个小组从10个项目中选出3个,这3个项目可以让每个小组的代表上台拉票选出来,另外7个项目并不会被删除,只是没有获得拉票的权力而已。在后期居民给所有项目投票时,没有拉票的项目就不如拉过票的项目那么有优势。最终,大家可以给所有项目投票。"

与李老师交流过后,我又跑到了另外一个小组的边上。正当我思考去哪一组的时候,有个学弟迎面走来,我笑着问他:"你觉得这次筛选大会举办得怎么样啊?"

"乱。"他说了一个字,一脸思考的表情。

我问:"你觉得是什么原因呢?"

"因为没有把规则和程序讲清楚,大家都在瞎讨论。你看那组。"他指了指角落里的一个小组,"他们组讨论就花了10分钟,根本没有详细讨论项目,而是直接投票,选出了3个项目。"他很无奈地说。

"可能也有桌长的原因吧。"我说,"有的桌长自己都不清楚讨论的程序和规则。当然了,这也与桌长自身的气场有关系,桌长气场太弱,别人就不会听。"

"学姐,这桌的桌长管理得还不错哦,听说是街道干部,你可以过去观摩一下。"

"好,大家还有什么想说的吗?"桌长扫视了大家一眼,发现大家都在摇头,便继续说,"那我们就讨论下一个项目。"她顿了一下,拿着放在桌上的项目海报,继续说:"谁想详细讨论这个项目?请举手回答,现在开始。"

"我先来回答,这个项目是我所在居民点提出来的,我对这个项目比较熟悉……"1位大娘抢先回答。大娘说话时,桌长自始至终都在看着,并不时点头。

"对于这个项目,我的看法是……"这时,1位大爷迫不及待地发表了自己的看法。

"大爷,我们要遵守规则哦,一会儿大娘说完了你再说。"桌长看着他,温柔地打断了他。

看了几组的讨论以后，我认为，小组讨论是否顺利，桌长在其中起着非常重要的作用。那么，桌长们是否接受了关于小组讨论的流程与规则的培训呢？我带着这个疑问，又挤到了李老师的前面，希望能够得到明确的答案。

"李老师，请问我们的桌长都经过培训吗？"我问。

"在大会开始前，我们对部分人员进行了简单的培训，但是没有让他们模拟过。"他答。

"难怪有的桌长好像不清楚讨论的流程与规则呢。"我说，"我觉得除了培训，桌长的选择也很重要，要选择有点儿气场的，太柔弱的女孩子可能撑不住场哦。你看她，完全说不出话。"我顺手一指，那个组的桌长坐在角落里，几乎不太说话。

"她是太年轻了。"李老师说。

（五）投票

讨论结束后，会议进入了投票环节。主持人在台上讲道："好了，大家的讨论进行得差不多了，我们的工作人员将海报也贴得差不多了，下面我们进行下一步。"他举起1张红色的贴纸，说，"这个就是我们的票，每人有10张，也就是每个人有10票。每个人在60个项目中选择最想投的10个项目，把贴纸贴上去。现在大家可以去后面投票了，为了防止现场混乱，我们一桌一桌地投票。第1桌现在可以去投票啦。"

投票有条不紊地进行着，我站在海报边上，仔细地观察居民们是如何投票的。1位大爷走过我身旁时，说了一句："维修排水系统在哪呢？"我给他指了指，并轻声问他："大爷，你是怎么选择这10个项目的呀？""过来之前我就想好要投哪些项目了，肯定是先投自己提的，然后投维修路灯、安装监控这种急需的项目。""也就是说您来之前就知道要投哪些项目，不是当场看海报、当场选择是吗？""那当然了。"在我看来，大爷投票的方法颇具代表性，大多数居民采用的是这种方法。他们经过我身边时，都显得目标明确，或关注某个项目，或同时考虑几个项目，讨论着项目的种类和地点，一旦找到心仪的项目，便毫不犹豫地贴上自己的票。

当我认真地观看居民投票的时候，1位阿姨的叫声从背后传了过来：

“哎——你怎么在这个项目上贴这么多票啊?”紧接着,一个温和的声音响起:“阿姨,不行哈,每个人只能给一个项目投1票,不能多投。”“谁知道有多少人给自己提的项目多投了票呢?”我对身边的学妹无奈地说。投票过程整体还算顺利,投票很快就结束了。

(六)选出的项目“不得民心”

投票结束后,工作人员迅速而高效地统计了票数,主持人随即在现场公布了每个项目的得票数。令大部分人感到意外的是,得票数最高的3个项目竟然是为3个艺术团提供服装和道具。

“最后一个是0060号‘增加垃圾箱’,5票。目前我们仅公布了各个项目的票数,接下来还要根据票数给项目排名。我们在大会结束后……”主持人正在向大家解释票数排序的问题。

“我不服!自己门前的卫生都没搞好,还天天想着跳舞,跳什么舞?”1位大爷情绪激动地站了起来,用南昌话高声说道。

主持人一脸茫然地站在台上。在工作人员的劝阻下,大爷才停止说话。主持人看了看大爷,又看了看大家,随后问道:“他说的什么?抱歉,我不是南昌人,听不懂他说话。”大爷最终在工作人员的劝阻下坐了下来,而主持人也没有继续深究这个问题,只是说:“会后我们会在象山社区公布排序结果,大家如果还有意见,就在社区内解决。最后,大家先不要走,我们合个影。”

此次大会的目的之一是解答居民的疑惑,促进社区事务的透明化和民主化。然而,令人遗憾的是,部分有意见的居民并未获得充分表达的机会,他们的不解很可能代表了在场大多数人共同的疑问。为何不能当场解释,以消除大家的疑虑?在我满怀疑问、亟待解答之际,西湖区象山社区示范性筛选大会结束了。

虽然我深知此次会议的举行并不完美,西湖区2个街道的参与式预算改革也是问题重重,但我从不怀疑这件事情的重要意义。改革的道路从来都不是一帆风顺的,它需要时间的积淀和不断地探索。回望过去,浙江省温岭市新河镇、北京市朝阳区麦子店街道的改革实践,作为参与式预算改革的前身,其价值不容忽视。在北京市朝阳区麦子店街道改革以前,我国各地的预算改革中,民众只有提案权,没有决策权。然而,正是通过一步一步地发展,我们才迎来公民直接参与决策的时代。同样,我们的参与式预算也在不断试错中完善,形成了如今较为成熟的参与式预算的规则与程序。尽管目前参与的主要群体仍是积极的社区住户,而租户、边缘群体和弱势群体的声音尚显微弱,但相较于过去,这已然是巨大的进步。我们不应仅局限于眼前的现状,而要放眼于参与权下沉的广阔前景。当前只是这一进程的起始阶段,未来,这种权利必将如细水长流,悄然渗透至中国社会的每一个角落,带来更加广泛而深刻的变革。

(时间:2018 年 1 月 7 日 14:00—17:30。地点:西湖区南浦街道象山社区都司前街 5 号中国工商银行大楼 8 楼大会议室。记录者:刘威。)